ま え が き

　この「グラフでみる世帯の状況」は、昭和61年以来、12回目の大規模調査として実施された令和元年国民生活基礎調査の結果に基づき、わが国の世帯及び世帯員の状況をグラフ化してまとめたものです。

　令和元年国民生活基礎調査報告書と併せ、厚生労働行政施策の基礎資料として利用されるだけではなく、関係各方面においても幅広く御利用いただければ幸いです。

　本書を刊行するに当たり、この調査の実施に御尽力いただいた関係各位に深く感謝するとともに、今後一層の御協力を御願いする次第です。

令和3年3月

厚生労働省政策統括官（統計・情報政策担当）

鈴木　英二郎

JN093165

目　　　　次

国民生活基礎調査について

１．調査の目的及び沿革

　　国民生活基礎調査は、保健、医療、福祉、年金、所得等国民生活の基礎的事項を調査し、厚生労働行政の企画及び運営に必要な基礎資料を得ることを目的とするものである。

　　本調査は、厚生行政基礎調査（昭和28～60年）、国民健康調査（昭和28～60年）、国民生活実態調査（昭和37年～60年）、保健衛生基礎調査（昭和38～60年）の４調査を統合することによって世帯の状況を総合的に把握し、併せて地域別に観察できるものとした調査であり、統計法第２条第４項第３号に基づく基幹統計である。

　　昭和61年を初年として３年ごとに大規模な調査を実施し、中間の各年は簡易な調査を実施することとしている。

　　令和元年は、12回目の大規模調査を実施した。

２．調査の対象及び客体

　　全国の世帯及び世帯員を対象とし、世帯票及び健康票については、平成27年国勢調査区から層化無作為抽出した5,530地区内のすべての世帯（約30万世帯）及び世帯員（約72万人）を、介護票については、前記の5,530地区内から層化無作為抽出した2,500地区内の介護保険法の要介護者及び要支援者（約７千人）を、所得票及び貯蓄票については、前記の5,530地区内に設定された単位区から無作為抽出した2,000単位区内のすべての世帯（約３万世帯）及び世帯員（約８万人）を調査客体とした。

　（注：「単位区」とは、推計精度の向上、調査員の負担平準化を図るため、一つの国勢調査区を地理的に分割したものである。）

３．調査の系統

世帯票・健康票・介護票

　厚生労働省 ── 都道府県 ──────── 保健所 ── 指導員 ── 調査員 ── 世帯
　　　　　　　　　└── 保健所設置市
　　　　　　　　　　　　特　別　区
　　　　　　　　└──────── 郵送回収の場合※ ────────┘

所得票・貯蓄票

　厚生労働省 ── 都道府県 ──────── 福祉事務所 ── 指導員 ── 調査員 ── 世帯
　　　　　　　　　├── 市・特別区及び
　　　　　　　　　└── 福祉事務所を設
　　　　　　　　　　　置する町村
　　　　　　　　└──────── 郵送回収の場合※ ────────┘

　　　　※調査員が再三訪問しても不在等で一度も面接できない世帯に限る。

【利用上の注意】

　1　所得については調査前年の１月１日から12月31日までの１年間の所得、貯蓄・借入金については調査年の６月末日現在の貯蓄額・借入金残高である。

　2　世帯に関する事項の年次推移に係る昭和60年以前の数値は、「厚生行政基礎調査」による。

　3　平成７年は、阪神・淡路大震災の影響により、兵庫県については調査を実施しておらず、数値は兵庫県分を除いたものとなっている。

　4　平成23年は、東日本大震災の影響により、岩手県、宮城県及び福島県については調査を実施しておらず、数値はこれら３県分を除いたものとなっている。

　5　平成24年は、東日本大震災の影響により、福島県については調査を実施しておらず、数値は福島県分を除いたものとなっている。

　6　平成28年は、熊本地震の影響により、熊本県については調査を実施しておらず、数値は熊本県分を除いたものとなっている。

Ⅰ 世帯の構造と類型
1 世帯構造

世帯数は5178万5千世帯で増加傾向

世帯数と平均世帯人員の年次推移

Trends in number of households and average number of household members, 1953-2019

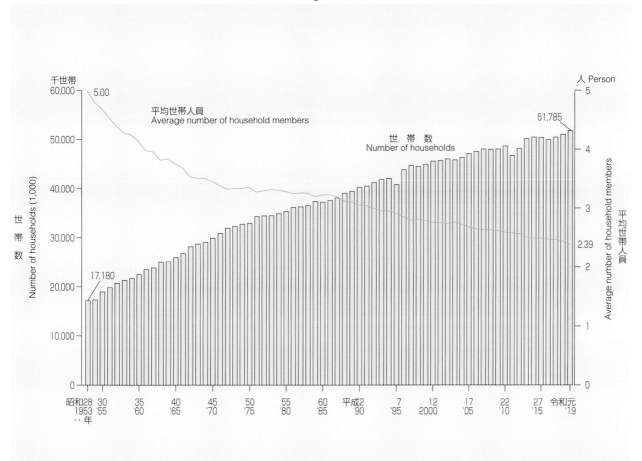

「単独世帯」、「夫婦のみの世帯」が増加傾向

世帯構造別にみた世帯数の構成割合の年次推移

Trends in percent distribution of households by structure of household, 1986, 1989, 1992, 1995, 1998, 2001, 2004, 2007, 2010, 2013, 2016, 2019

年	①	②	③	④	⑤	⑥
昭和61年 (1986)	18.2	14.4	41.4	5.1	15.3	5.7
平成元年 ('89)	20.0	16.0	39.3	5.0	14.2	5.5
4 ('92)	21.8	17.2	37.0	4.8	13.1	6.1
7 ('95)	22.6	18.4	35.3	5.2	12.5	6.1
10 ('98)	23.9	19.7	33.6	5.3	11.5	6.0
13 (2001)	24.1	20.6	32.6	5.7	10.6	6.4
16 ('04)	23.4	21.9	32.7	6.0	9.7	6.3
19 ('07)	25.0	22.1	31.3	6.3	8.4	6.9
22 ('10)	25.5	22.6	30.7	6.5	7.9	6.8
25 ('13)	26.5	23.2	29.7	7.2	6.6	6.7
28 ('16)	26.9	23.7	29.5	7.3	5.9	6.7
令和元年 ('19)	28.8	24.4	28.4	7.0	5.1	6.3

(横軸 0 〜 100%)

①単独世帯
One-person household
②夫婦のみの世帯
Household of couple only
③夫婦と未婚の子のみの世帯
Household of couple with unmarried children
④ひとり親と未婚の子のみの世帯
Household of a single parent with unmarried children
⑤三世代世帯
Three-generation-family household
⑥その他の世帯
Other households
⑦核家族世帯
Nuclear family household

世帯人員別にみた世帯数の構成割合の年次推移

Trends in percent distribution of households by number of household members, 1953-2019

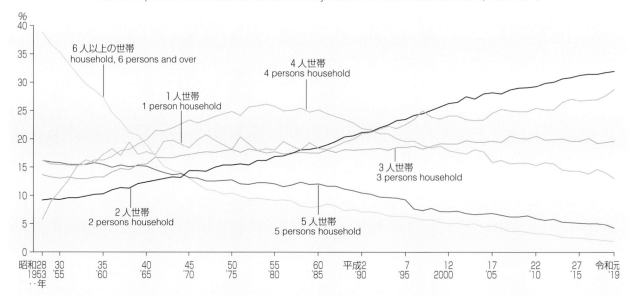

6人以上の世帯
household, 6 persons and over
1人世帯
1 person household
4人世帯
4 persons household
2人世帯
2 persons household
5人世帯
5 persons household
3人世帯
3 persons household

― 6 ―

2-1 65歳以上の世帯員がいる世帯

65歳以上の者の「単独世帯」は増加傾向

世帯構造別にみた65歳以上の者のいる世帯数の構成割合の年次推移

Trends in percent distribution of households with persons aged 65 years and over by structure of household, 1986, 1989, 1992, 1995, 1998, 2001, 2004, 2007, 2010, 2013, 2016, 2019

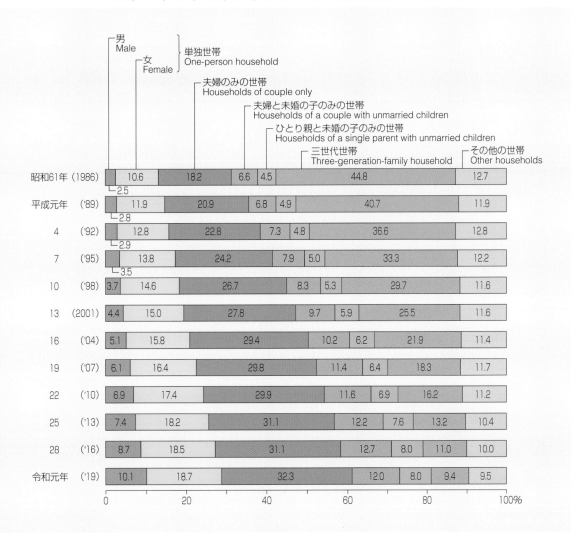

	男 Male	女 Female	単独世帯 One-person household	夫婦のみの世帯 Households of couple only	夫婦と未婚の子のみの世帯 Households of a couple with unmarried children	ひとり親と未婚の子のみの世帯 Households of a single parent with unmarried children	三世代世帯 Three-generation-family household	その他の世帯 Other households
昭和61年 (1986)		10.6	2.5	18.2	6.6	4.5	44.8	12.7
平成元年 ('89)		11.9	2.8	20.9	6.8	4.9	40.7	11.9
4 ('92)		12.8	2.9	22.8	7.3	4.8	36.6	12.8
7 ('95)		13.8	3.5	24.2	7.9	5.0	33.3	12.2
10 ('98)	3.7	14.6		26.7	8.3	5.3	29.7	11.6
13 (2001)	4.4	15.0		27.8	9.7	5.9	25.5	11.6
16 ('04)	5.1	15.8		29.4	10.2	6.2	21.9	11.4
19 ('07)	6.1	16.4		29.8	11.4	6.4	18.3	11.7
22 ('10)	6.9	17.4		29.9	11.6	6.9	16.2	11.2
25 ('13)	7.4	18.2		31.1	12.2	7.6	13.2	10.4
28 ('16)	8.7	18.5		31.1	12.7	8.0	11.0	10.0
令和元年 ('19)	10.1	18.7		32.3	12.0	8.0	9.4	9.5

65歳以上の者の「子夫婦と同居」は減少傾向

家族形態別にみた65歳以上の者の構成割合の年次推移

Trends in percent distribution of persons aged 65 years and over by type of family,
1986, 1989, 1992, 1995, 1998, 2001, 2004, 2007, 2010, 2013, 2016, 2019

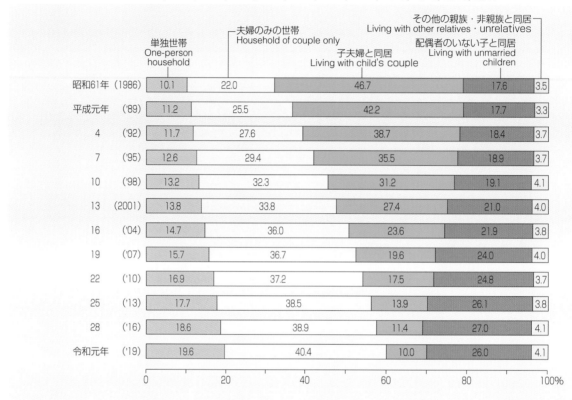

		単独世帯 One-person household	夫婦のみの世帯 Household of couple only	子夫婦と同居 Living with child's couple	配偶者のいない子と同居 Living with unmarried children	その他の親族・非親族と同居 Living with other relatives・unrelatives
昭和61年	(1986)	10.1	22.0	46.7	17.6	3.5
平成元年	('89)	11.2	25.5	42.2	17.7	3.3
4	('92)	11.7	27.6	38.7	18.4	3.7
7	('95)	12.6	29.4	35.5	18.9	3.7
10	('98)	13.2	32.3	31.2	19.1	4.1
13	(2001)	13.8	33.8	27.4	21.0	4.0
16	('04)	14.7	36.0	23.6	21.9	3.8
19	('07)	15.7	36.7	19.6	24.0	4.0
22	('10)	16.9	37.2	17.5	24.8	3.7
25	('13)	17.7	38.5	13.9	26.1	3.8
28	('16)	18.6	38.9	11.4	27.0	4.1
令和元年	('19)	19.6	40.4	10.0	26.0	4.1

性・年齢階級別にみた65歳以上の者の家族形態

Family types of persons aged 65 and over by gender and age group

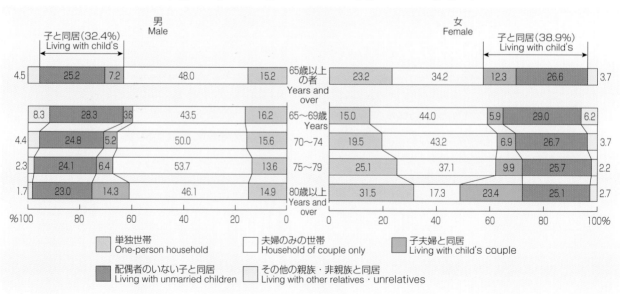

単独世帯 One-person household
夫婦のみの世帯 Household of couple only
子夫婦と同居 Living with child's couple
配偶者のいない子と同居 Living with unmarried children
その他の親族・非親族と同居 Living with other relatives・unrelatives

別居の子のみの65歳以上の者で子の居住場所は、「同一家屋」は3.1%、
「同一敷地」は4.1%「近隣地域」は17.7%

年齢階級別にみた65歳以上の者の子との同居状況別の構成割合

Percent distribution of persons aged 65 years and over by living state with child and age group

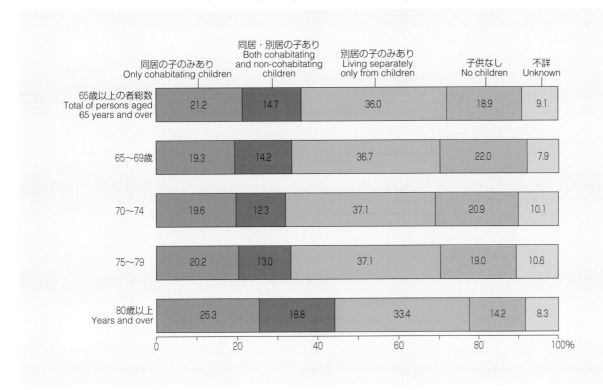

年齢階級別にみた別居の子のみの65歳以上の者の子の居住場所の構成割合

Percent distribution of living locations of children of persons aged 65 years and over who live separately from their children by age group

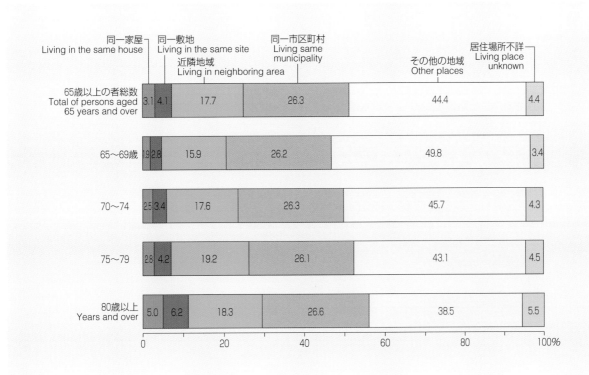

2-2　高齢者世帯

高齢者世帯数は全世帯の28.7%を占める

全世帯に占める高齢者世帯の割合の年次推移

Trends in proportion of aged households in all households, 1975-2019

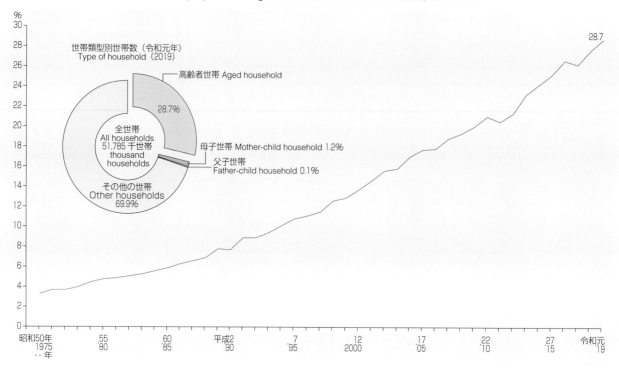

世帯類型別世帯数（令和元年）
Type of household (2019)

高齢者世帯 Aged household

28.7%

全世帯
All households
51,785 千世帯
thousand
households

母子世帯 Mother-child household 1.2%

父子世帯
Father-child household 0.1%

その他の世帯
Other households
69.9%

28.7

昭和50年 1975 ‥年 / 55 '80 / 60 '85 / 平成2 '90 / 7 '95 / 12 2000 / 17 '05 / 22 '10 / 27 '15 / 令和元 '19

世帯構造別にみた高齢者世帯数の年次推移

Trends in number of aged households by structure of household
1986, 1989, 1992, 1995, 1998, 2001, 2004, 2007, 2010, 2013, 2016, 2019

性・年齢階級別にみた高齢者の単独世帯の構成割合

Percent distribution of one-person aged households by sex and age group

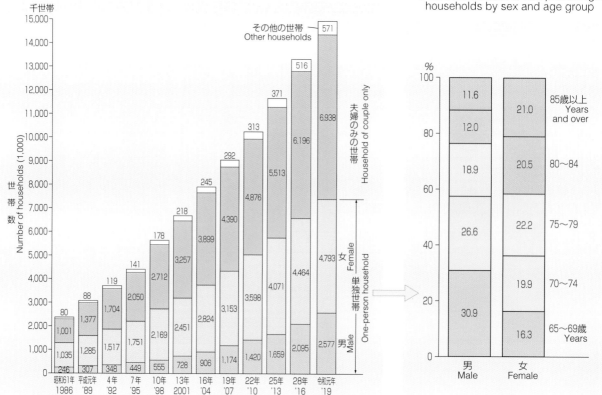

注：「その他の世帯」には、夫婦と未婚の子のみの世帯、ひとり親と未婚の子のみの世帯、及び三世代世帯を含む。
Note : "Other households" include Household of couple with unmarried children, Household of a single parent with unmarried children, and Three-generation-family household.

高齢者世帯の割合が最も高いのは山口県、低いのは宮城県

都道府県別にみた高齢者世帯の割合
Proportion of aged households by prefecture

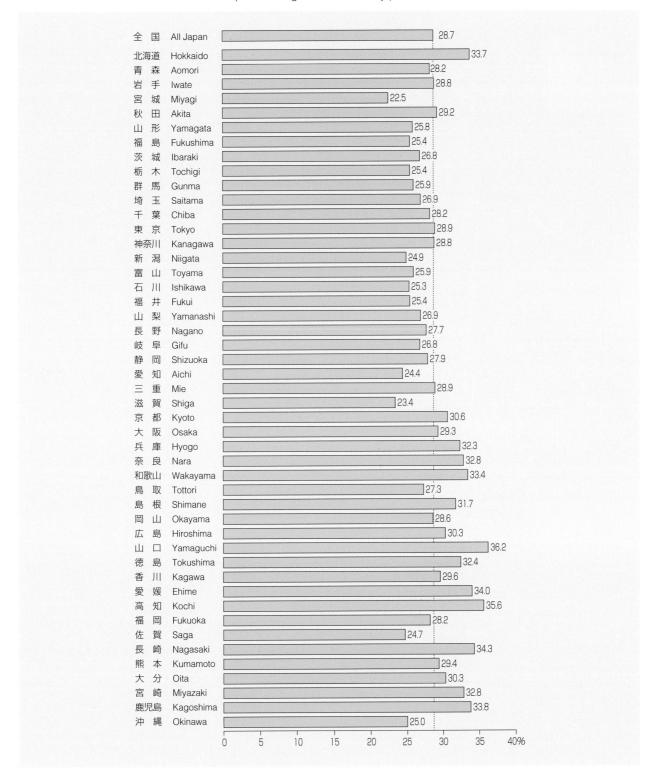

全　国	All Japan	28.7
北海道	Hokkaido	33.7
青　森	Aomori	28.2
岩　手	Iwate	28.8
宮　城	Miyagi	22.5
秋　田	Akita	29.2
山　形	Yamagata	25.8
福　島	Fukushima	25.4
茨　城	Ibaraki	26.8
栃　木	Tochigi	25.4
群　馬	Gunma	25.9
埼　玉	Saitama	26.9
千　葉	Chiba	28.2
東　京	Tokyo	28.9
神奈川	Kanagawa	28.8
新　潟	Niigata	24.9
富　山	Toyama	25.9
石　川	Ishikawa	25.3
福　井	Fukui	25.4
山　梨	Yamanashi	26.9
長　野	Nagano	27.7
岐　阜	Gifu	26.8
静　岡	Shizuoka	27.9
愛　知	Aichi	24.4
三　重	Mie	28.9
滋　賀	Shiga	23.4
京　都	Kyoto	30.6
大　阪	Osaka	29.3
兵　庫	Hyogo	32.3
奈　良	Nara	32.8
和歌山	Wakayama	33.4
鳥　取	Tottori	27.3
島　根	Shimane	31.7
岡　山	Okayama	28.6
広　島	Hiroshima	30.3
山　口	Yamaguchi	36.2
徳　島	Tokushima	32.4
香　川	Kagawa	29.6
愛　媛	Ehime	34.0
高　知	Kochi	35.6
福　岡	Fukuoka	28.2
佐　賀	Saga	24.7
長　崎	Nagasaki	34.3
熊　本	Kumamoto	29.4
大　分	Oita	30.3
宮　崎	Miyazaki	32.8
鹿児島	Kagoshima	33.8
沖　縄	Okinawa	25.0

0　5　10　15　20　25　30　35　40%

3 児童のいる世帯

児童のいる世帯は、全世帯の21.7%、平均児童数は1.68人

児童の有無別にみた世帯構造別世帯数の構成割合の年次比較（昭和61年、令和元年）

Comparison of percent distribution of households by with/without children and structure of household, 1986, 2019

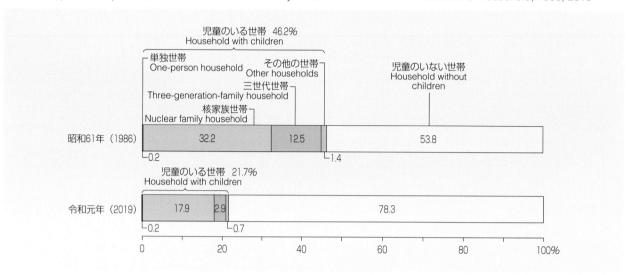

児童の有無及び児童数別にみた世帯数の構成割合・平均児童数の年次推移

Trends in percent distribution of households and average number of children by with/without children and number of children, 1986, 1989, 1992, 1995, 1998, 2001, 2004, 2007, 2010, 2013, 2016, 2019

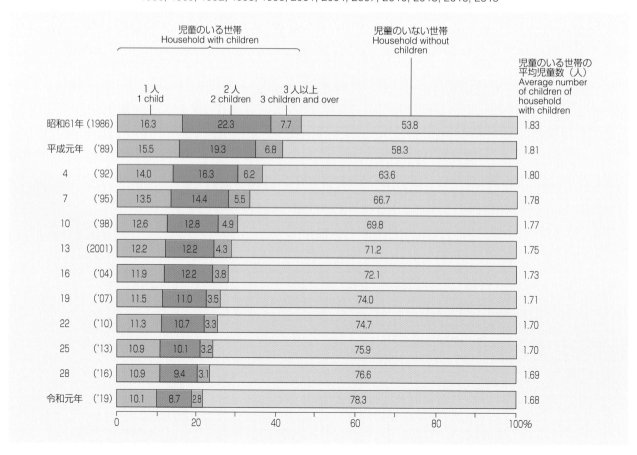

Ⅱ　世帯の経済
1　所得

平成30年の１世帯当たり平均所得金額は、552万３千円

１世帯当たり平均所得金額・対前年増加率の年次推移
Trends in average income per household, increasing rate, 1985-2018

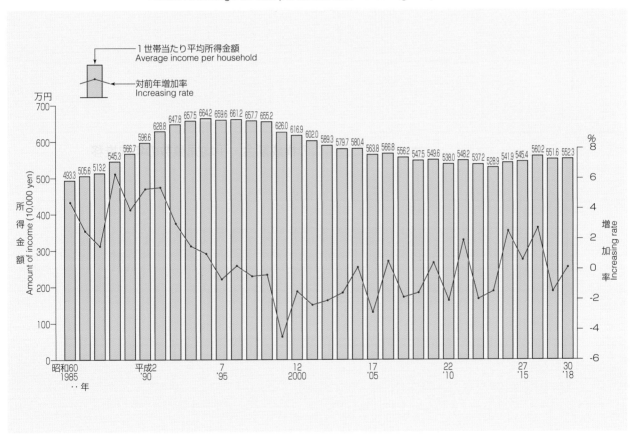

高齢者世帯の平均所得金額は、312万6千円

各種世帯別にみた1世帯当たり平均所得金額の年次推移
Trends in average income per household by type of household, 1985-2018

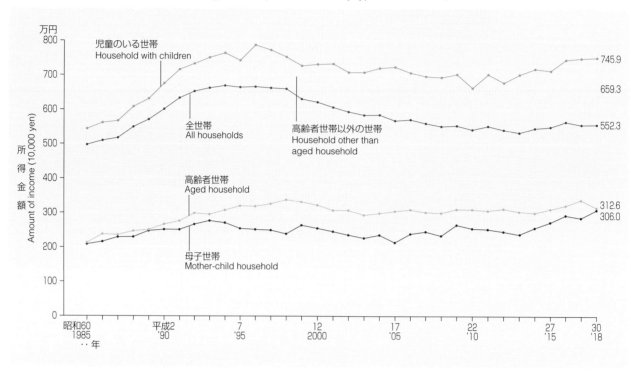

各種世帯別にみた所得金額別世帯数の累積相対度数分布
Cumulative frequency distribution of households by income group and type of household

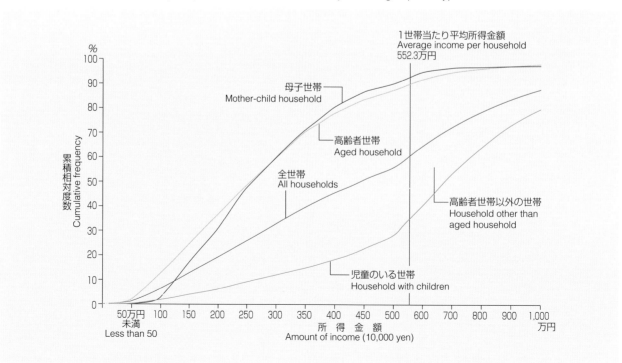

注：所得については、平成30年分である。
Note：Amount of income is that earned in 2018.

世帯主が50歳代の世帯の平均所得金額は、756万円と最も高い

世帯主の年齢階級別にみた1世帯当たり平均所得金額・
1世帯当たり平均可処分所得金額及び世帯人員1人当たり平均所得金額

Average income and average disposable income per household, and average income per household member by age group of householder

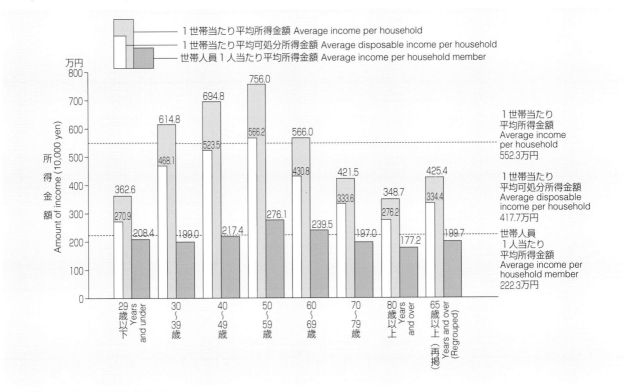

注：所得については、平成30年分である。
Note：Amount of income is that earned in 2018.

各種世帯別にみた所得の種類別金額の構成割合

Percent distribution of income by kind of income and type of household

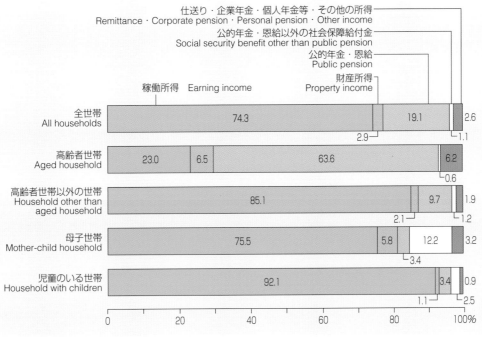

注：所得については、平成30年分である。
Note：Amount of income is that earned in 2018.

公的年金・恩給を受給している高齢者世帯のなかで「公的年金・恩給の総所得に占める割合が100%の世帯」は48.4%

公的年金・恩給を受給している高齢者世帯における公的年金・恩給の総所得に占める割合別世帯数の構成割合

Percentage distribution of aged households receiving public pension/Onkyu pension by the ratio of public pension/Onkyu pension relative to their aggregated incomes

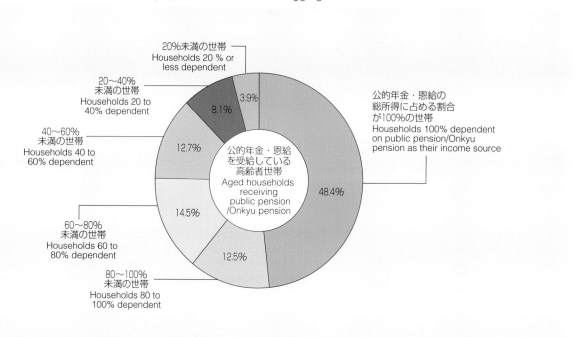

20%未満の世帯
Households 20 % or less dependent

20〜40%未満の世帯
Households 20 to 40% dependent

40〜60%未満の世帯
Households 40 to 60% dependent

60〜80%未満の世帯
Households 60 to 80% dependent

80〜100%未満の世帯
Households 80 to 100% dependent

公的年金・恩給の総所得に占める割合が100%の世帯
Households 100% dependent on public pension/Onkyu pension as their income source

公的年金・恩給を受給している高齢者世帯
Aged households receiving public pension /Onkyu pension

3.9%
8.1%
12.7%
14.5%
12.5%
48.4%

注：所得については、平成30年分である。
Note : Amount of income is that earned in 2018.

2 貯蓄

令和元年の貯蓄がない世帯は、13.4%

所得金額階級別にみた貯蓄の有無－貯蓄額階級別世帯数の構成割合

Percent distribution of households by savings group and income group

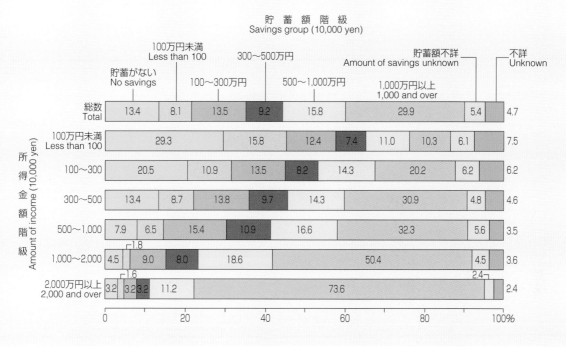

注：貯蓄については、令和元年6月末日の現在高、所得については平成30年分である。
Note : Amount of savings is as of the end of June 2019, amount of income is that earned in 2018.

各種世帯別にみた貯蓄の有無－貯蓄額階級別世帯数の構成割合

Percent distribution of households by savings group and type of household

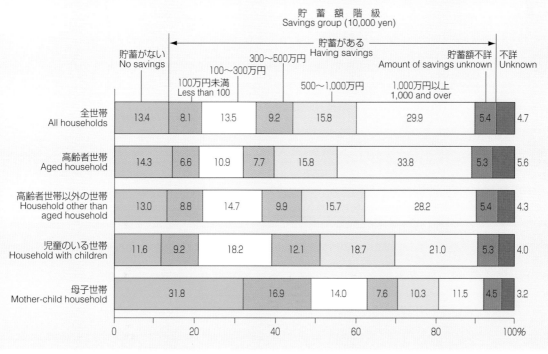

注：貯蓄については、令和元年6月末日の現在高である。
Note : Amount of savings is as of the end of June 2019.

3 貧困と格差

平成30年相対的貧困率は15.4%

貧困率の年次推移

Trends in poverty rate, 1985, 1988, 1991, 1994, 1997, 2000, 2003, 2006, 2009, 2012, 2015, 2018

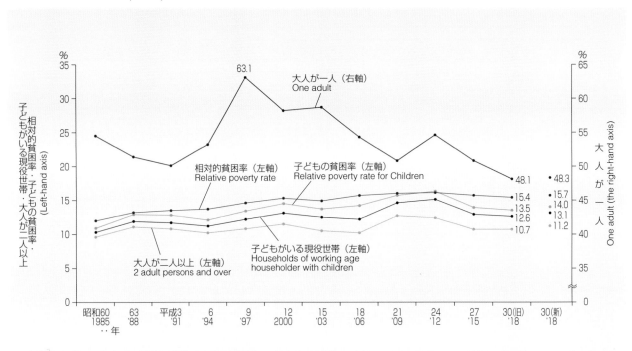

注：1．貧困率は、OECD の作成基準に基づいて算出している。
　　2．大人とは、18歳以上の者、子どもとは17歳以下の者をいい、現役世帯とは世帯主が18歳以上65歳未満の世帯をいう。
　　3．等価可処分所得金額不詳の世帯員は除く。
　　4．2018（平成30）年の「新基準」は、2015年に改定された OECD の所得定義の新たな基準で、従来の可処分所得から更に「自動車税・軽自動車税・自動車重量税」、「企業年金の掛金」及び「仕送り額」を差し引いたものである。

Note : 1. Poverty rate is calculated based on the standard set by OECD.
　　2. "Adult" is an individual 18 years and over,"Child" is an individual aged 17 years and under,"Household with a working age householder" means the households whose householder is 18 years and over and under 65.
　　3. Individuals with unknown equivalised disposable income are excluded.
　　4. The 2018 "new standard" is a new OECD standard for income definition revised in 2015. in which the "automobile tax/light-weight vehicle tax/ vehicle weight tax". "premiums for corporate pension, etc." and "allowance" are further deducted from conventional disposable income.

「全世帯員」では40～120万円未満で低下、320～700万円未満で上昇

等価可処分所得金額階級別世帯員数の相対度数分布
Relative frequency distribution of household members by equivalised disposable income

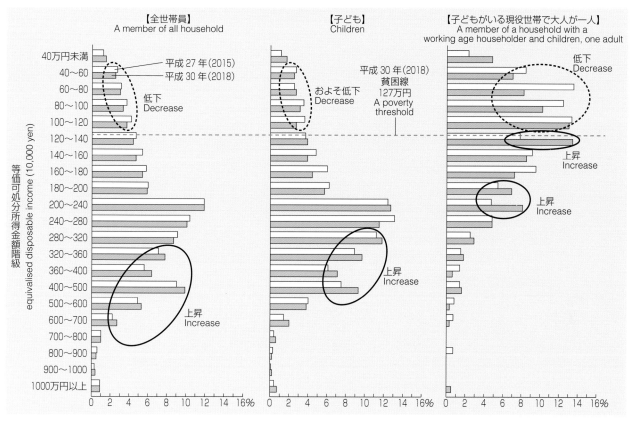

注：1．大人とは18歳以上の者、子どもとは17歳以下の者をいい、現役世帯とは世帯主が18歳以上65歳未満の世帯をいう。
　　2．等価可処分所得金額不詳の世帯員は除く。
Note 1. "Adult" is an individual aged 18 years and over, "Child" is an individual aged 17 years and under, "Household with a working age householder" means households whose householder is 18 years and over and under 65.
　　2. Individuals with unknown equivalised disposable income are excluded.

相対的貧困率とは

　厚生労働省では、OECD（経済協力開発機構）による作成基準（等価可処分所得の中央値の半分の金額未満の等価可処分所得しかない人の割合）に基づいて算出した「相対的貧困率」を公表し大きな注目を集めました。

　この「相対的貧困率」は、国民生活基礎調査のデータを用い、①「等価可処分所得」を算出し、②「等価可処分所得」を低い順から並べ、③「中央値」を算出し、④「貧困線」を算出し、⑤「貧困線」を下回る者（一定の基準（貧困線）を下回る等価可処分所得しか計算上得ていない人）を相対的に「貧困」であるとしています。また、所得のみに着目した計算方法であるため、現物給付や資産を考慮していないところに特徴があります。

　そのため、貯金や土地等を沢山所有していても所得が低ければ「貧困」に該当してしまうことに留意する必要はありますが、「相対的貧困率」は、所得の面からみた「貧困」を捉えるための有意義な一つの指標であることに間違いはありません。

　さて、「相対的貧困率」を改善するにはどうすればいいでしょう。

　この「相対的貧困率」は、ある国の世帯員の等価可処分所得を比較しているため、等価可処分所得がみな同じように増えても「貧困率」はほとんど変わりません。また、中央値より所得が高い人のみ所得が増えると、所得格差は拡大しますが、この場合も「貧困率」は変わりません。これとは逆に、貧困線を下回る人の所得が増え、人数が少なくなるほど「貧困率」は低くなっていくことから、貧困線を下回る所得者を減らしていくことが「相対的貧困率」の改善につながります。ただし、日本で相対的に「貧困」な人が、世界的に見て「貧困」といえるのかは、単純な数値の比較ではわからないところがあります。

世帯統計室　国民生活基礎統計第二係

4 生活意識

令和元年の生活意識は、「苦しい」(「大変苦しい」「やや苦しい」を合わせたもの)は、54.4%

生活意識別世帯数の構成割合の年次推移

Trends in percent distribution of households by self-assessed living conditions, 1986, 1989, 1992, 1995, 1998, 2001, 2004, 2007, 2010, 2013, 2016, 2019

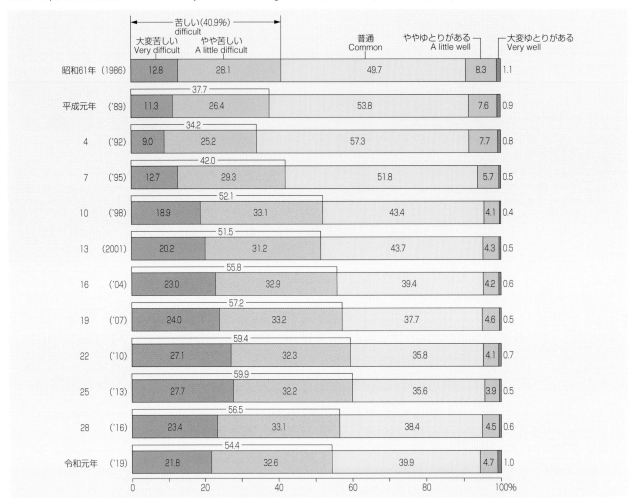

各種世帯別にみた生活意識が「苦しい」とした世帯の割合の年次推移

Trends in proportion of households that answered their living conditions are "difficult", by type of household

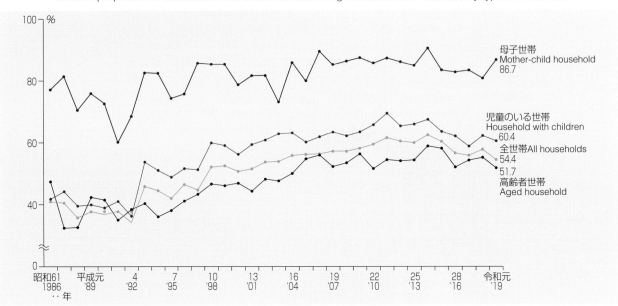

Ⅲ　世帯員の健康

有訴者率・通院者率・日常生活に影響のある者率は、年齢が高くなるに従い、上昇傾向

性・年齢階級別にみた自覚症状のある者（有訴者）率（人口千対）

Trends in rate of persons with subjective symptoms, 2016 and 2019 (per 1,000 population)

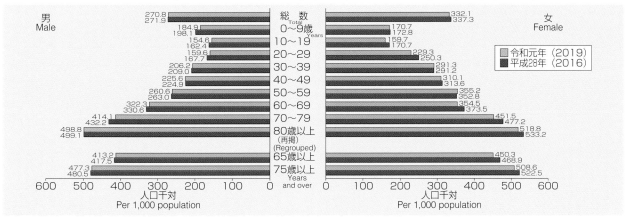

注：「総数」には、年齢不詳を含む。
Note : "Total" includes persons whose age is unknown.

性・年齢階級別にみた通院者率（人口千対）

Trends in rate of outpatients, 2016 and 2019 (per 1,000 population)

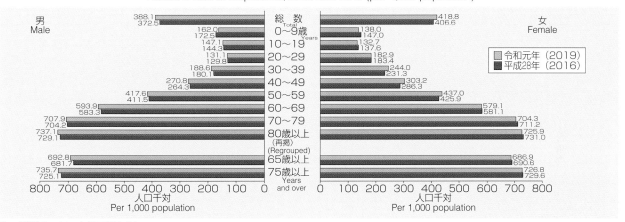

注：「総数」には、年齢不詳を含む。
Note : "Total" includes persons whose age is unknown.

性・年齢階級別にみた日常生活に影響のある者率（6歳以上・人口千対）

Trends in rate of persons with difficulties in daily life (6 years and over), 2016 and 2019 (per 1,000 population)

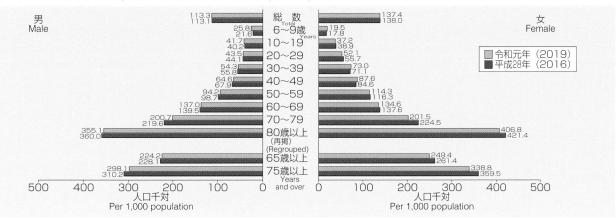

健康意識の構成割合（6歳以上）

Percent distribution of perceived health status (6 years and over)

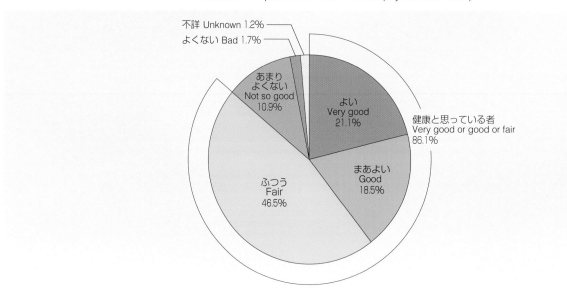

不詳 Unknown 1.2%
よくない Bad 1.7%

あまり
よくない
Not so good
10.9%

よい
Very good
21.1%

健康と思っている者
Very good or good or fair
86.1%

まあよい
Good
18.5%

ふつう
Fair
46.5%

性・年齢階級別にみた健康意識の構成割合（6歳以上）

Percent distribution of perceived health status, by sex and age group (6 years and over)

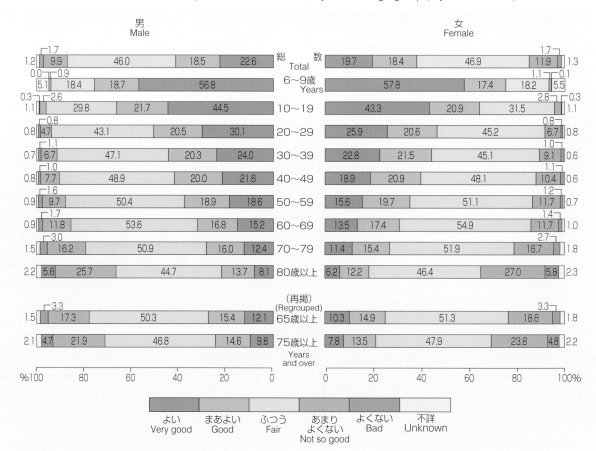

男
Male

女
Female

		総 数 Total		
1.2 / 9.9 / 46.0 / 18.5 / 22.6 (1.7)		総 数 Total		19.7 / 18.4 / 46.9 / 11.9 / 1.3 (1.7)
5.1 / 18.4 / 18.7 / 56.8 (0.0 / 0.9)		6〜9歳 Years		57.8 / 17.4 / 18.2 / 5.5 (1.1 / 0.1)
1.1 / 29.8 / 21.7 / 44.5 (0.3 / 2.6)		10〜19		43.3 / 20.9 / 31.5 / 1.1 (2.8 / 0.3)
0.8 / 4.7 / 43.1 / 20.5 / 30.1 (0.8)		20〜29		25.9 / 20.6 / 45.2 / 6.7 / 0.8 (0.8)
0.7 / 6.7 / 47.1 / 20.3 / 24.0 (1.1)		30〜39		22.8 / 21.5 / 45.1 / 9.1 / 0.6 (1.0)
0.8 / 7.7 / 48.9 / 20.0 / 21.6 (1.0)		40〜49		18.9 / 20.9 / 48.1 / 10.4 / 0.6 (1.1)
0.9 / 9.7 / 50.4 / 18.9 / 18.6 (1.6)		50〜59		15.6 / 19.7 / 51.1 / 11.7 / 0.7 (1.2)
0.9 / 11.8 / 53.6 / 16.8 / 15.2 (1.7)		60〜69		13.5 / 17.4 / 54.9 / 11.7 / 1.0 (1.4)
1.5 / 16.2 / 50.9 / 16.0 / 12.4 (3.0)		70〜79		11.4 / 15.4 / 51.9 / 16.7 / 1.8 (2.7)
2.2 / 5.6 / 25.7 / 44.7 / 13.7 / 8.1		80歳以上		6.2 / 12.2 / 46.4 / 27.0 / 5.8 / 2.3

(再掲)
(Regrouped)

| 1.5 / 17.3 / 50.3 / 15.4 / 12.1 (3.3) | | 65歳以上 | | 10.3 / 14.9 / 51.3 / 18.6 / 1.8 (3.3) |
| 2.1 / 4.7 / 21.9 / 46.8 / 14.6 / 9.8 | | 75歳以上 Years and over | | 7.8 / 13.5 / 47.9 / 23.8 / 4.8 / 2.2 |

%100 80 60 40 20 0   0 20 40 60 80 100%

| よい Very good | まあよい Good | ふつう Fair | あまり よくない Not so good | よくない Bad | 不詳 Unknown |

性・症状別にみた自覚症状のある者（有訴者）率（人口千対）
Rate of persons with subjective symptoms by type and sex (per 1,000 population)

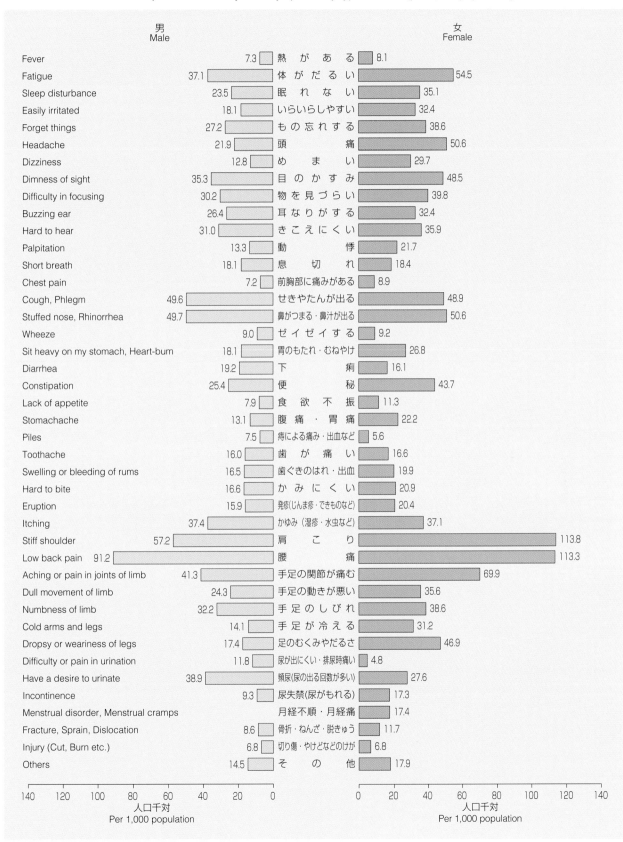

	男 Male		女 Female
Fever	7.3	熱 が あ る	8.1
Fatigue	37.1	体 が だ る い	54.5
Sleep disturbance	23.5	眠 れ な い	35.1
Easily irritated	18.1	いらいらしやすい	32.4
Forget things	27.2	も の 忘 れ す る	38.6
Headache	21.9	頭 痛	50.6
Dizziness	12.8	め ま い	29.7
Dimness of sight	35.3	目 の か す み	48.5
Difficulty in focusing	30.2	物 を 見 づ ら い	39.8
Buzzing ear	26.4	耳 な り が す る	32.4
Hard to hear	31.0	き こ え に く い	35.9
Palpitation	13.3	動 悸	21.7
Short breath	18.1	息 切 れ	18.4
Chest pain	7.2	前胸部に痛みがある	8.9
Cough, Phlegm	49.6	せきやたんが出る	48.9
Stuffed nose, Rhinorrhea	49.7	鼻がつまる・鼻汁が出る	50.6
Wheeze	9.0	ゼ イ ゼ イ す る	9.2
Sit heavy on my stomach, Heart-bum	18.1	胃のもたれ・むねやけ	26.8
Diarrhea	19.2	下 痢	16.1
Constipation	25.4	便 秘	43.7
Lack of appetite	7.9	食 欲 不 振	11.3
Stomachache	13.1	腹 痛 ・ 胃 痛	22.2
Piles	7.5	痔による痛み・出血など	5.6
Toothache	16.0	歯 が 痛 い	16.6
Swelling or bleeding of rums	16.5	歯ぐきのはれ・出血	19.9
Hard to bite	16.6	か み に く い	20.9
Eruption	15.9	発疹(じんま疹・できものなど)	20.4
Itching	37.4	かゆみ (湿疹・水虫など)	37.1
Stiff shoulder	57.2	肩 こ り	113.8
Low back pain	91.2	腰 痛	113.3
Aching or pain in joints of limb	41.3	手足の関節が痛む	69.9
Dull movement of limb	24.3	手足の動きが悪い	35.6
Numbness of limb	32.2	手足のしびれ	38.6
Cold arms and legs	14.1	手足が冷える	31.2
Dropsy or weariness of legs	17.4	足のむくみやだるさ	46.9
Difficulty or pain in urination	11.8	尿が出にくい・排尿時痛い	4.8
Have a desire to urinate	38.9	頻尿(尿の出る回数が多い)	27.6
Incontinence	9.3	尿失禁(尿がもれる)	17.3
Menstrual disorder, Menstrual cramps		月経不順・月経痛	17.4
Fracture, Sprain, Dislocation	8.6	骨折・ねんざ・脱きゅう	11.7
Injury (Cut, Burn etc.)	6.8	切り傷・やけどなどのけが	6.8
Others	14.5	そ の 他	17.9

140 120 100 80 60 40 20 0   0 20 40 60 80 100 120 140

人口千対 Per 1,000 population   人口千対 Per 1,000 population

注：症状は複数回答である。
Note : Subjective symptoms by type are multiple answers.

性・年齢階級別にみた症状別自覚症状のある者（有訴者）率（人口千対）の順位
Grade of rate of persons with subjective symptoms by type, sex and age group (per 1,000 population)

男 Male

年齢階級 Age group	第 1 位 First 症 状 名 Subjective symptoms	人口千対 Per 1,000 population	第 2 位 Second 症 状 名 Subjective symptoms	人口千対 Per 1,000 population	第 3 位 Third 症 状 名 Subjective symptoms	人口千対 Per 1,000 population
総 数 Total	腰痛 Low back pain	91.2	肩こり Stiff shoulder	57.2	鼻がつまる・鼻汁が出る Stuffed nose, Rhinorrhea	49.7
0～9歳 Years		104.9	せきやたんが出る Cough, Phlegm	69.6	かゆみ（湿疹・水虫など） Itching	31.6
10～19	鼻がつまる・鼻汁が出る Stuffed nose, Rhinorrhea	53.5		24.7	骨折・ねんざ・脱きゅう Fracture, Sprain, Dislocation	18.9
20～29		38.7	体がだるい Fatigue	35.3	腰痛 Low back pain	34.3
30～39		69.4		60.2	体がだるい Fatigue	42.5
40～49		82.9	肩こり Stiff shoulder	68.5		42.0
50～59		101.8		74.6		46.1
60～69	腰痛 Low back pain	126.4		74.8	手足の関節が痛む Aching or pain in joints of limb	64.2
70～79		167.4	頻尿（尿の出る回数が多い） Have a desire to urinate	110.2		80.5
80歳以上		185.8	きこえにくい Hard to hear	159.2	頻尿（尿の出る回数が多い） Have a desire to urinate	154.6
(再掲)(Regrouped) 65歳以上		162.7	頻尿（尿の出る回数が多い） Have a desire to urinate	108.3	きこえにくい Hard to hear	87.3
75歳以上 Years and over		185.0		145.1		132.6

女 Female

年齢階級 Age group	第 1 位 First 症 状 名 Subjective symptoms	人口千対 Per 1,000 population	第 2 位 Second 症 状 名 Subjective symptoms	人口千対 Per 1,000 population	第 3 位 Third 症 状 名 Subjective symptoms	人口千対 Per 1,000 population
総 数 Total	肩こり Stiff shoulder	113.8	腰痛 Low back pain	113.3	手足の関節が痛む Aching or pain in joints of limb	69.9
0～9歳 Years		91.0	せきやたんが出る Cough, Phlegm	66.1	熱がある	28.6
10～19	鼻がつまる・鼻汁が出る Stuffed nose, Rhinorrhea	43.9	頭痛 Headache	33.9	体がだるい Fatigue	24.3
20～29		88.0		68.2		63.4
30～39		136.9		87.8	頭痛 Headache	86.8
40～49	肩こり Stiff shoulder	146.3	腰痛 Low back pain	100.1		82.0
50～59		163.1		128.7		87.9
60～69		133.3	肩こり Stiff shoulder	126.9	手足の関節が痛む Aching or pain in joints of limb	95.5
70～79		185.2		131.2		127.0
80歳以上	腰痛 Low back pain	217.8		162.8	きこえにくい Hard to hear	157.1
(再掲)(Regrouped) 65歳以上		183.3	手足の関節が痛む Aching or pain in joints of limb	131.5	肩こり Stiff shoulder	125.1
75歳以上 Years and over		214.0		153.4	きこえにくい Hard to hear	132.1

注：1．症状は複数回答である。
　　2．「総数」には、年齢不詳を含む。
Note：1. Subjective symptoms by type are multiple answers.
　　　2. "Total" includes persons whose age is unknown.

通院者率は、男女とも「高血圧症」が高く、男は「糖尿病」、女は「脂質異常症（高コレステロール血症等）」も高い

性・傷病別にみた通院者率（人口千対）

Rate of outpatients by sex and disease and injury (per 1,000 population)

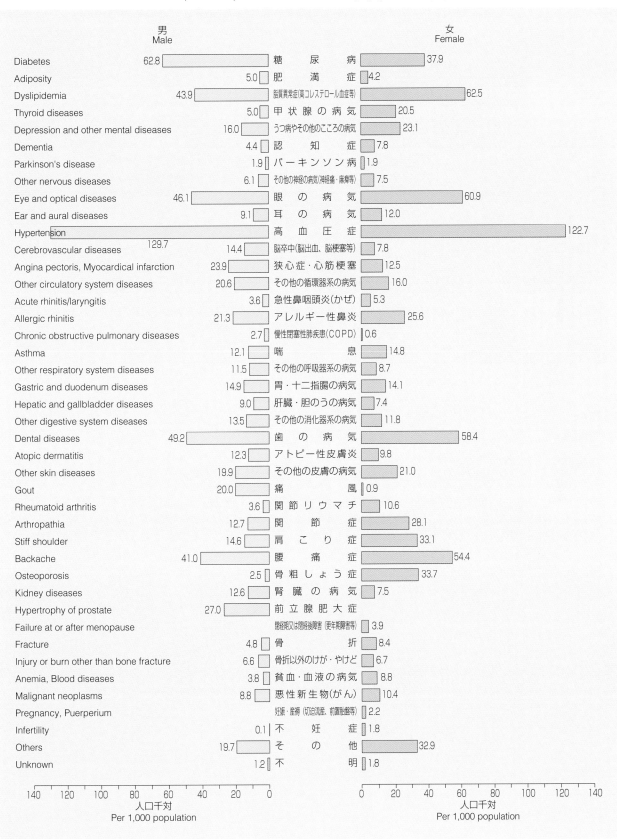

	男 Male		女 Female	
Diabetes	62.8	糖　尿　病	37.9	
Adiposity	5.0	肥　満　症	4.2	
Dyslipidemia	43.9	脂質異常症(高コレステロール血症等)	62.5	
Thyroid diseases	5.0	甲状腺の病気	20.5	
Depression and other mental diseases	16.0	うつ病やその他のこころの病気	23.1	
Dementia	4.4	認　知　症	7.8	
Parkinson's disease	1.9	パーキンソン病	1.9	
Other nervous diseases	6.1	その他の神経の病気(神経痛・麻痺等)	7.5	
Eye and optical diseases	46.1	眼　の　病　気	60.9	
Ear and aural diseases	9.1	耳　の　病　気	12.0	
Hypertension	129.7	高　血　圧　症	122.7	
Cerebrovascular diseases	14.4	脳卒中(脳出血、脳梗塞等)	7.8	
Angina pectoris, Myocardical infarction	23.9	狭心症・心筋梗塞	12.5	
Other circulatory system diseases	20.6	その他の循環器系の病気	16.0	
Acute rhinitis/laryngitis	3.6	急性鼻咽頭炎(かぜ)	5.3	
Allergic rhinitis	21.3	アレルギー性鼻炎	25.6	
Chronic obstructive pulmonary diseases	2.7	慢性閉塞性肺疾患(COPD)	0.6	
Asthma	12.1	喘　　　　息	14.8	
Other respiratory system diseases	11.5	その他の呼吸器系の病気	8.7	
Gastric and duodenum diseases	14.9	胃・十二指腸の病気	14.1	
Hepatic and gallbladder diseases	9.0	肝臓・胆のうの病気	7.4	
Other digestive system diseases	13.5	その他の消化器系の病気	11.8	
Dental diseases	49.2	歯　の　病　気	58.4	
Atopic dermatitis	12.3	アトピー性皮膚炎	9.8	
Other skin diseases	19.9	その他の皮膚の病気	21.0	
Gout	20.0	痛　　　　風	0.9	
Rheumatoid arthritis	3.6	関節リウマチ	10.6	
Arthropathia	12.7	関　　節　　症	28.1	
Stiff shoulder	14.6	肩　こ　り　症	33.1	
Backache	41.0	腰　痛　症	54.4	
Osteoporosis	2.5	骨粗しょう症	33.7	
Kidney diseases	12.6	腎　臓　の　病　気	7.5	
Hypertrophy of prostate	27.0	前立腺肥大症		
Failure at or after menopause		閉経期又は閉経後障害(更年期障害等)	3.9	
Fracture	4.8	骨　　　　折	8.4	
Injury or burn other than bone fracture	6.6	骨折以外のけが・やけど	6.7	
Anemia, Blood diseases	3.8	貧血・血液の病気	8.8	
Malignant neoplasms	8.8	悪性新生物(がん)	10.4	
Pregnancy, Puerperium		妊娠・産褥(切迫流産、前置胎盤等)	2.2	
Infertility	0.1	不　妊　症	1.8	
Others	19.7	そ　の　他	32.9	
Unknown	1.2	不　　　　明	1.8	

人口千対
Per 1,000 population

人口千対
Per 1,000 population

注：傷病は複数回答である。
Note : Diseases and injuries are multiple answers.

性・年齢階級別にみた傷病別通院者率（人口千対）の順位

Grade of rate of outpatients by disease and injury, sex and age group (per 1,000 population)

男 Male

年齢階級 Age group	第1位 First 症状名 Subjective symptoms	人口千対 Per 1,000 population	第2位 Second 症状名 Subjective symptoms	人口千対 Per 1,000 population	第3位 Third 症状名 Subjective symptoms	人口千対 Per 1,000 population
総数 Total	高血圧症 Hypertension	129.7	糖尿病 Diabetes	62.8	歯の病気 Dental diseases	49.2
0～9歳 Years	アレルギー性鼻炎 Allergic rhinitis	31.4		27.6	その他の皮膚の病気 Other skin diseases	22.3
10～19		33.3	アトピー性皮膚炎 Atopic dermatitis	19.6	歯の病気 Dental diseases	18.6
20～29	歯の病気 Dental diseases	22.8		21.5	うつ病やその他のこころの病気 Depression and other mental diseases	15.7
30～39		34.1	うつ病やその他のこころの病気 Depression and other mental diseases	24.1	腰痛症 Backache	19.1
40～49		52.0	歯の病気 Dental diseases	39.8		32.2
50～59		141.5		68.0	脂質異常症（高コレステロール血症等）Dyslipidemia	66.0
60～69		258.7	糖尿病 Diabetes	127.3		89.4
70～79	高血圧症 Hypertension	312.5		154.3	眼の病気 Eye and optical diseases	123.4
80歳以上		311.6	眼の病気 Eye and optical diseases	154.5	前立腺肥大症 Hypertrophy of prostate	136.3
（再掲）(Regrouped) 65歳以上		300.8	糖尿病 Diabetes	143.9	眼の病気 Eye and optical diseases	118.6
75歳以上 Years and over		313.9	眼の病気 Eye and optical diseases	149.6	糖尿病 Diabetes	137.1

女 Female

年齢階級 Age group	第1位 First 症状名 Subjective symptoms	人口千対 Per 1,000 population	第2位 Second 症状名 Subjective symptoms	人口千対 Per 1,000 population	第3位 Third 症状名 Subjective symptoms	人口千対 Per 1,000 population
総数 Total	高血圧症 Hypertension	122.7	脂質異常症（高コレステロール血症等）Dyslipidemia	62.5	眼の病気 Eye and optical diseases	60.9
0～9歳 Years	アレルギー性鼻炎 Allergic rhinitis	22.2	アトピー性皮膚炎 Atopic dermatitis	22.0	歯の病気 Dental diseases	21.3
10～19		22.3	歯の病気 Dental diseases	19.6		15.8
20～29	歯の病気 Dental diseases	29.3		26.4	アトピー性皮膚炎 Atopic dermatitis	19.5
30～39		39.3	うつ病やその他のこころの病気 Depression and other mental diseases	35.6	アレルギー性鼻炎 Allergic rhinitis	24.2
40～49		49.1		35.9	腰痛症 Backache	31.0
50～59	高血圧症 Hypertension	94.6	歯の病気 Dental diseases	69.2	脂質異常症（高コレステロール血症等）Dyslipidemia	63.7
60～69		199.1	脂質異常症（高コレステロール血症等）Dyslipidemia	136.4	歯の病気 Dental diseases	86.7
70～79		298.8	眼の病気 Eye and optical diseases	154.4	脂質異常症（高コレステロール血症等）Dyslipidemia	153.6
80歳以上		340.0		167.8	腰痛症 Backache	147.2
（再掲）(Regrouped) 65歳以上		292.2		145.3	脂質異常症（高コレステロール血症等）Dyslipidemia	134.5
75歳以上 Years and over		330.2		169.0	腰痛症 Backache	141.4

注：1．傷病は複数回答である。
　　2．「総数」には、年齢不詳を含む。
Note : 1. Diseases and injuries are multiple answers.
　　　 2. "Total" includes persons whose age is unknown.

通院者率は岩手県が最も高く、沖縄県が最も低い

都道府県別にみた通院者率（人口千対）
Rate of outpatients (per 1,000 population) by prefecture

・都道府県別にみた40〜74歳の健診を受診した割合
Proportion of persons (40-74years old) who had health checkup by prefecture

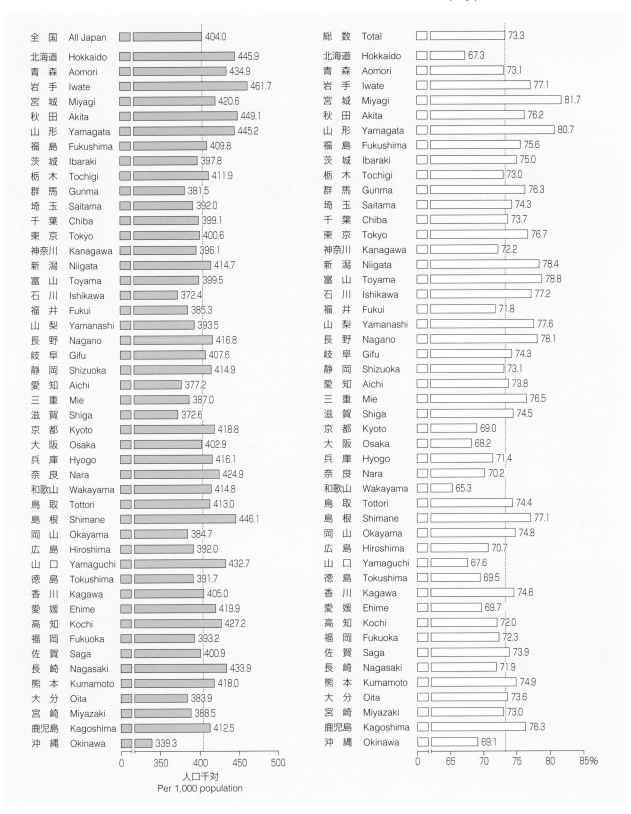

		人口千対 Per 1,000 population			65〜85%
全 国	All Japan	404.0	総 数	Total	73.3
北海道	Hokkaido	445.9	北海道	Hokkaido	67.3
青 森	Aomori	434.9	青 森	Aomori	73.1
岩 手	Iwate	461.7	岩 手	Iwate	77.1
宮 城	Miyagi	420.6	宮 城	Miyagi	81.7
秋 田	Akita	449.1	秋 田	Akita	76.2
山 形	Yamagata	445.2	山 形	Yamagata	80.7
福 島	Fukushima	409.8	福 島	Fukushima	75.6
茨 城	Ibaraki	397.8	茨 城	Ibaraki	75.0
栃 木	Tochigi	411.9	栃 木	Tochigi	73.0
群 馬	Gunma	381.5	群 馬	Gunma	76.3
埼 玉	Saitama	392.0	埼 玉	Saitama	74.3
千 葉	Chiba	399.1	千 葉	Chiba	73.7
東 京	Tokyo	400.6	東 京	Tokyo	76.7
神奈川	Kanagawa	396.1	神奈川	Kanagawa	72.2
新 潟	Niigata	414.7	新 潟	Niigata	78.4
富 山	Toyama	399.5	富 山	Toyama	78.8
石 川	Ishikawa	372.4	石 川	Ishikawa	77.2
福 井	Fukui	385.3	福 井	Fukui	71.8
山 梨	Yamanashi	393.5	山 梨	Yamanashi	77.6
長 野	Nagano	416.8	長 野	Nagano	78.1
岐 阜	Gifu	407.6	岐 阜	Gifu	74.3
静 岡	Shizuoka	414.9	静 岡	Shizuoka	73.1
愛 知	Aichi	377.2	愛 知	Aichi	73.8
三 重	Mie	387.0	三 重	Mie	76.5
滋 賀	Shiga	372.6	滋 賀	Shiga	74.5
京 都	Kyoto	418.8	京 都	Kyoto	69.0
大 阪	Osaka	402.9	大 阪	Osaka	68.2
兵 庫	Hyogo	416.1	兵 庫	Hyogo	71.4
奈 良	Nara	424.9	奈 良	Nara	70.2
和歌山	Wakayama	414.8	和歌山	Wakayama	65.3
鳥 取	Tottori	413.0	鳥 取	Tottori	74.4
島 根	Shimane	446.1	島 根	Shimane	77.1
岡 山	Okayama	384.7	岡 山	Okayama	74.8
広 島	Hiroshima	392.0	広 島	Hiroshima	70.7
山 口	Yamaguchi	432.7	山 口	Yamaguchi	67.6
徳 島	Tokushima	391.7	徳 島	Tokushima	69.5
香 川	Kagawa	405.0	香 川	Kagawa	74.6
愛 媛	Ehime	419.9	愛 媛	Ehime	69.7
高 知	Kochi	427.2	高 知	Kochi	72.0
福 岡	Fukuoka	393.2	福 岡	Fukuoka	72.3
佐 賀	Saga	400.9	佐 賀	Saga	73.9
長 崎	Nagasaki	433.9	長 崎	Nagasaki	71.9
熊 本	Kumamoto	418.0	熊 本	Kumamoto	74.9
大 分	Oita	383.9	大 分	Oita	73.6
宮 崎	Miyazaki	388.5	宮 崎	Miyazaki	73.0
鹿児島	Kagoshima	412.5	鹿児島	Kagoshima	76.3
沖 縄	Okinawa	339.3	沖 縄	Okinawa	69.1

たばこを「毎日吸っている」者は、男26.8%、女7.9%

性別にみた喫煙の状況の構成割合（20歳以上）
Percent distribution of smoking status by sex (20 years and over)

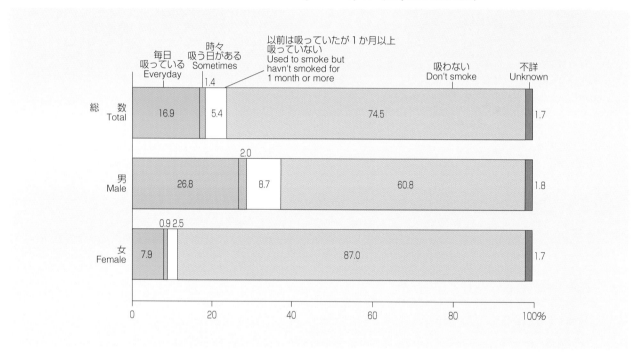

性・年齢階級別にみた悩みやストレスがある者の割合
（12歳以上）
Proportion of persons with worry or stress by sex and age group
(12 years and over)

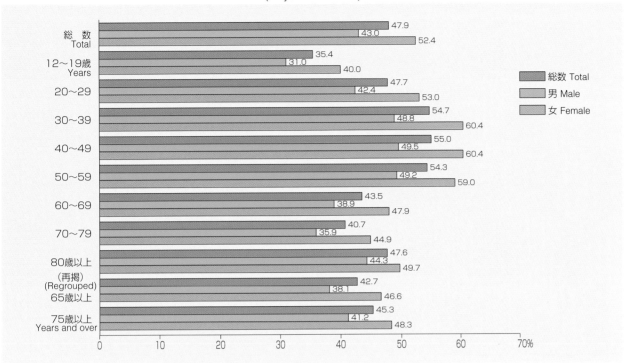

年齢階級別にみた悩みやストレスの原因の順位
Leading causes of worry or stress by age group (12 years and over, multiple responses)

年齢階級 Age group	第1位 First 悩みやストレスの原因 Causes of worry or stress	%	第2位 Second 悩みやストレスの原因 Causes of worry or stress	%	第3位 Third 悩みやストレスの原因 Causes of worry or stress	%
総数 Total	自分の仕事 Own job	35.6%	収入・家計・借金等 Income, finances, debts, etc.	26.2%	自分の病気や介護 Own illness or long-term care	21.0%
12～19歳 Years	自分の学業・受験・進学 Own studies, exams, entrance exams	63.9%	家族以外との人間関係 Relationship with non-family members	26.7%	家族との人間関係 Relationship with family	10.8%
20～29	自分の仕事 Own job	55.9%	家族以外との人間関係 Relationship with non-family members	28.0%	家族以外との人間関係 Relationship with non-family members	21.2%
30～39	自分の仕事 Own job	56.1%	収入・家計・借金等 Income, finances, debts, etc.	33.7%	育児 Child rearing	21.0%
40～49	自分の仕事 Own job	54.4%	収入・家計・借金等 Income, finances, debts, etc.	34.2%	子どもの教育 Child's education	21.4%
50～59	自分の仕事 Own job	48.2%	収入・家計・借金等 Income, finances, debts, etc.	31.8%	家族の病気や介護 Illness or long-term care of a family member	23.9%
60～69	収入・家計・借金等 Income, finances, debts, etc.	27.0%	自分の病気や介護 Own illness or long-term care	26.9%	自分の仕事 Own job	24.5%
70～79	自分の病気や介護 Own illness or long-term care	38.0%	家族の病気や介護 Illness or long-term care of a family member	19.8%	収入・家計・借金等 Income, finances, debts, etc.	18.7%
80歳以上 Years and over	自分の病気や介護 Own illness or long-term care	55.2%	家族の病気や介護 Illness or long-term care of a family member	18.2%	家族との人間関係 Relationship with family	11.7%
（再掲）(Regrouped) 65歳以上 Years and over	自分の病気や介護 Own illness or long-term care	41.1%	家族の病気や介護 Illness or long-term care of a family member	20.1%	収入・家計・借金等 Income, finances, debts, etc.	17.7%
75歳以上 Years and over	自分の病気や介護 Own illness or long-term care	49.5%	家族の病気や介護 Illness or long-term care of a family member	18.9%	収入・家計・借金等 Income, finances, debts, etc.	12.5%

男女を比べてみると、すべての年齢層において、「0〜4点」の割合は、男が高い

性・年齢階級別にみたこころの状態（点数階級）別構成割合（12歳以上）
Percent distribution of mental status (score class) by sex and age group (12 years and over)

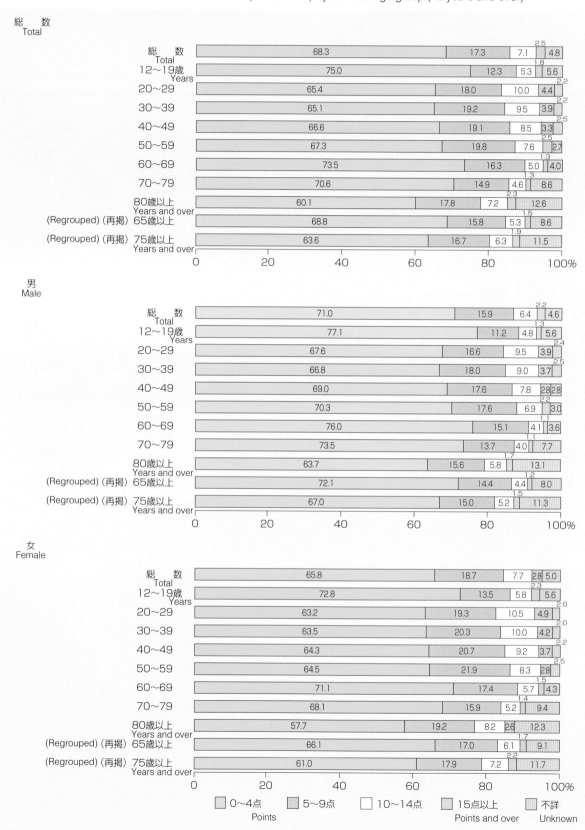

性・年齢階級別にみた過去1年間の健診や人間ドックの受診の有無別構成割合（20歳以上）

Percent distribution of persons who had / did not have health checkup or thorough medical chekup in the past 1 year by sex and age group (20 years and over)

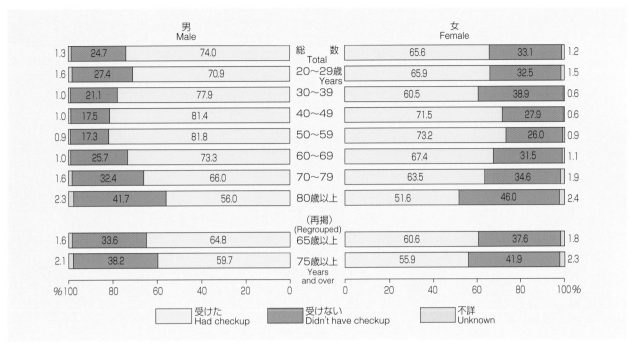

健診や人間ドックを受けなかった理由の割合（20歳以上・複数回答）

Proportion of reasons for not receiving health checkup or thorough medical checkup
(20 years and over, multiple answer)

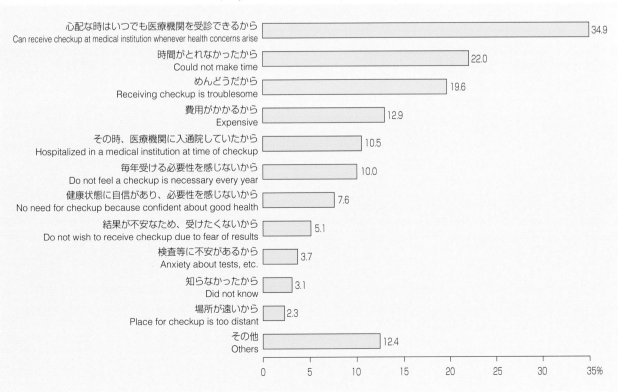

「胃がん検診」、「肺がん検診」、「大腸がん検診」、「子宮がん検診」、「乳がん検診」の受診率が上昇

性別にみたがん検診（複数回答）を受診した者の割合
Proportion of persons who had cancer screening by sex (multiple answer)

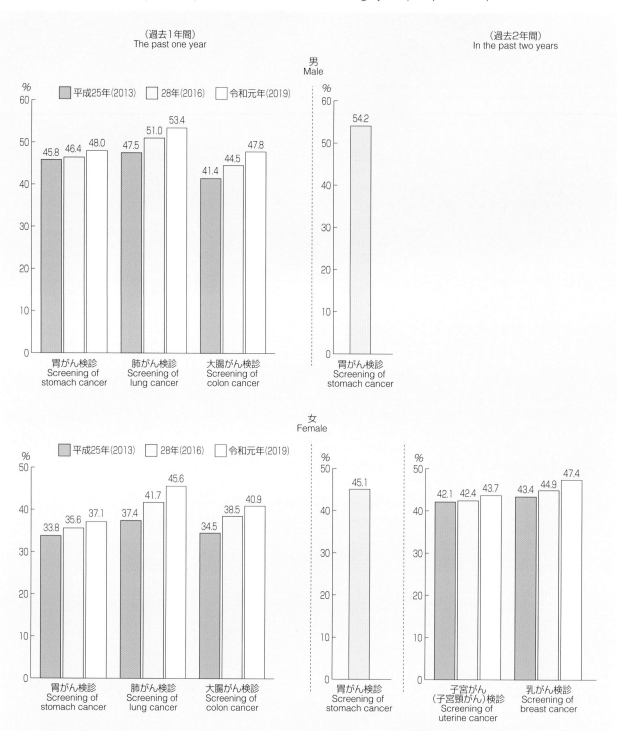

注：1. がん検診の受診率については、「がん対策推進基本計画」（平成24年6月8日閣議決定）に基づき、算定年齢対象を40歳から69歳（子宮がん（子宮頸がん）検診は20歳から69歳）までとした。
　　2. 胃がん検診の受診率については、「がん予防重点健康教育及びがん検診実施のための指針」（平成20年3月31日厚生労働省健康局長通知別添）の一部改正に基づき、2019（令和元）年調査以降は過去2年間の受診率についても算定し、過去2年間の受診率の算定対象年齢は50歳から69歳までとした。
Note：1. The target age for the calculation of the rate of persons who received a cancer screening was determined to be 40 to 69 years of age (for uterus cancer (uterine cervical) screening, 20 to 69 years of age) based on the "Basic Plan to Promote Cancer Control Programs" (adopted by the Cabinet in June 8, 2012).
　　　　2. After the 2019 survey, the rate of persons who received a stomach cancer screening in the past two years was also calculated and the target age for the calculation was determined to be 50 to 69 years of age based on the partial revision of the "Guidelines for Conducting Cancer Prevention Priority Health Education and Cancer Screenings (Notification attachment issued by the Director of the Health Service Bureau, Ministry of Health, Labor and Welfare on March 31, 2008)".

Ⅳ　世帯員の就業

「仕事あり」の者の女は増加傾向

性・年齢階級別にみた15歳以上の就業状況の年次比較
Trends in the employment status of persons aged 15 years and over, by sex and age group, 2007, 2013, and 2019

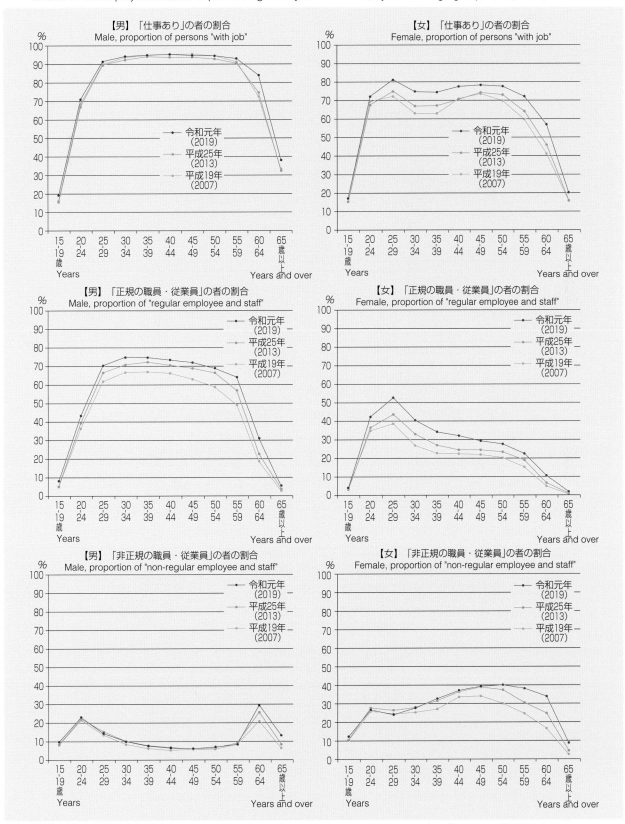

注：「仕事あり」には、会社・団体等の役員、自営業主、家族従業者、内職、その他、勤めか自営か不詳及び勤め先での呼称不詳を含む。
Note: "With job" includes Excecutive of company or organization, Self-employed worker, Family bussiness worker, Side job at home, Others, Employed
　　 or Self-employed is unknown, and Called title at workplace is unknown.

母の仕事は末子の年齢が高くなるにしたがい非正規の割合が高くなる傾向
１日平均就業時間は、正規では８～10時間未満、非正規では４～６時間未満と６～８時間未満の割合が高い

末子の年齢階級別にみた母の仕事の状況の構成割合
Percent distribution of job status of mothers by age group of youngest child

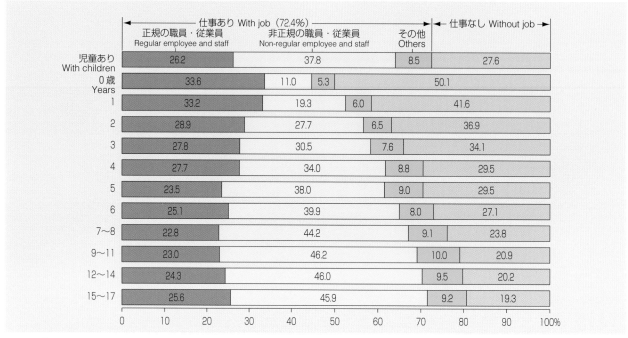

注：1．「その他」には、会社・団体等の役員、自営業主、家族従業者、内職、その他、勤めか自営か不詳及び勤め先での呼称不詳を含む。
　　2．母の「仕事の有無不詳」を含まない総数に対する割合である。
Note：1．"Others" includes Excective of company or organization, Self-employed, Family bussiness worker, Side job at home, Others, Employed or self-employed is unknown, and Called title at workplace is unknown.
　　2．"Job status" of mothers "is unknown" are excluded.

末子の年齢階級別にみた仕事ありの母の１日平均就業時間階級の構成割合
Percent distribution of the daily average working hour groups of mothers with job by age group of youngest child

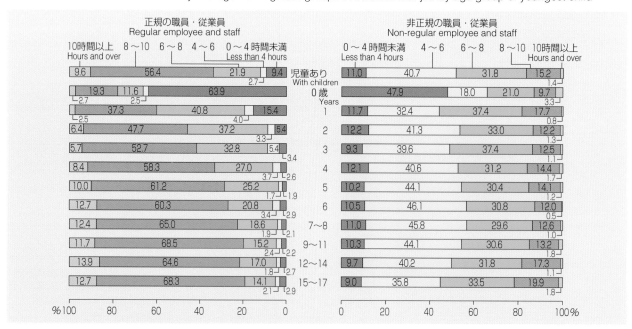

注：1．1日の平均就業時間は、5月20～26日の間の就業時間を就業日数で除したものである。
　　2．「平均就業時間不詳」を含まない。
　　3．会社・団体等の役員、自営業主、家族従業者、内職、その他、勤めか自営か不詳及び勤め先での呼称不詳を含まない。
Note：1．Average working hours per day is calculated by deviding working hours by working days during May 20th to 26th.
　　2．Values do not include persons whose "Average working hours is unknown".
　　3．"Excective of company or organization, Self-employed, Family bussiness worker, Side job at home, Others, Employed or self-employed is unknown, and Called title at workplace is unknown" are excluded."

V 世帯内の介護

「単独世帯」では要介護度の低い者が多く、「三世代世帯」では要介護度の高い者が多い
要介護者等の年齢が高くなるに従い、「三世代世帯」が増加傾向

要介護者等のいる世帯の世帯構造別にみた要介護度の構成割合
Percent distribution of care-level by structure of household with prersons requiring care

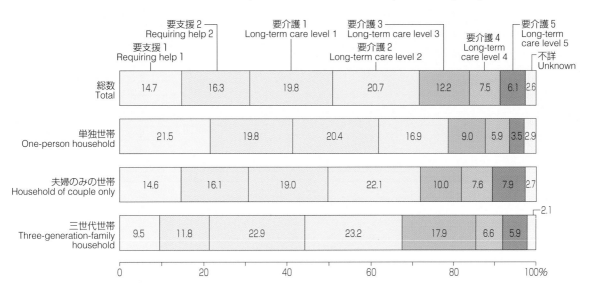

注：1.「要介護者等」とは介護保険法の要支援又は要介護と認定された者をいう。
　　2.世帯に複数の要介護者等がいる場合は、要介護の程度が高い者のいる世帯に計上した。
Note : 1. "Presons requiring care" are those who are certified as requiring help or long-term care.
　　　　2. For household with one or more members requiring long-term care, the one with higher level is adopted.

要介護者等の年齢階級別にみた要介護者等のいる世帯の世帯構造の構成割合
Percent distribution of structure of household with prersons requiring care by age group of the person requiring care

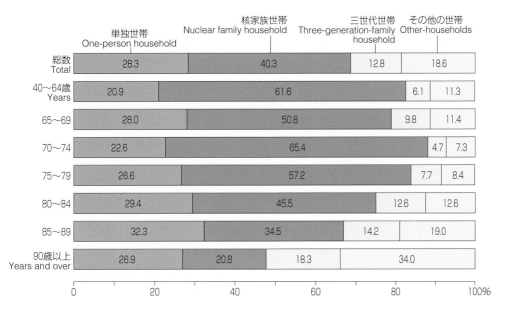

注：世帯に複数の要介護者等がいる場合には、年齢が高い方に計上した。
Note : For household with one or more members requiring long-term care, the one with older age is adopted.

要介護者等の66.1%は女であり、80歳以上の割合が多い

性・年齢階級別にみた要介護者等の構成割合

Percent distribution of persons requiring care by sex and age group

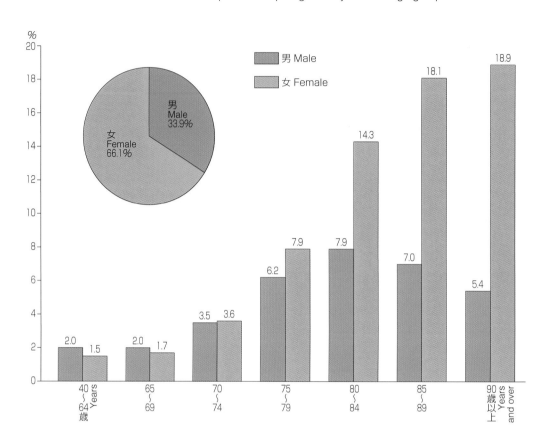

性別にみた要介護度別要介護者等の構成割合

Percent distribution of persons requiring care by sex and care-level group

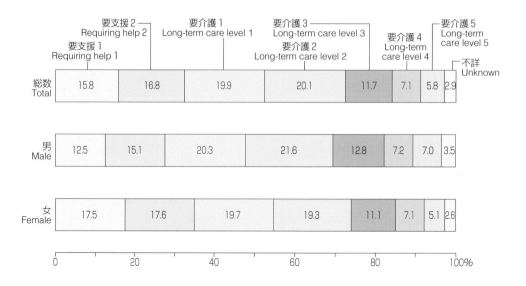

介護が必要となった主な原因は、男は「脳血管疾患」、女は「認知症」が最も多い

要介護度別にみた介護が必要となった主な原因の構成割合
Percent distribution of main causes of requring care by care-level group

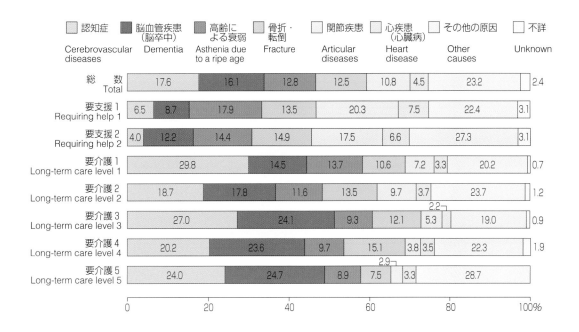

注：1.「総数」には、要介護度不詳を含む。
　　2.「その他の原因」には、「不明」を含む。
Note：1. "Total" includes persons whose level of long-term care is unknown.
　　　2. "Other causes" includes "Unspecified".

性別にみた介護が必要となった主な原因の構成割合
Percent distribution of main causes of requring care by sex

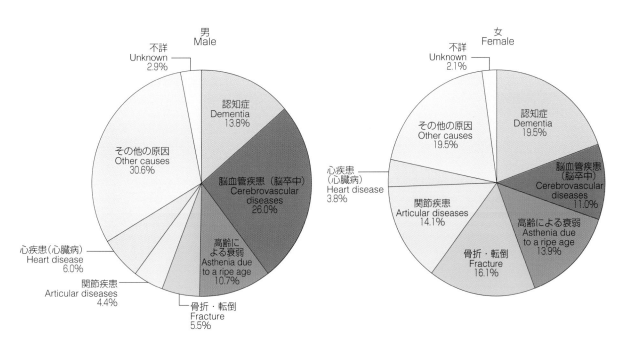

注：「その他の原因」には、「不明」を含む。
Note："Other causes" includes "Unspecified".

主な介護者は同居の「配偶者」「子」「子の配偶者」で5割を占める
同居している主な介護者の65%が女、そのうち約7割が60歳以上

主な介護者の要介護者等との続柄及び同別居の構成割合

Percent distribution of relationship between main care-takers and persons requiring care, and their living status (together or separately)

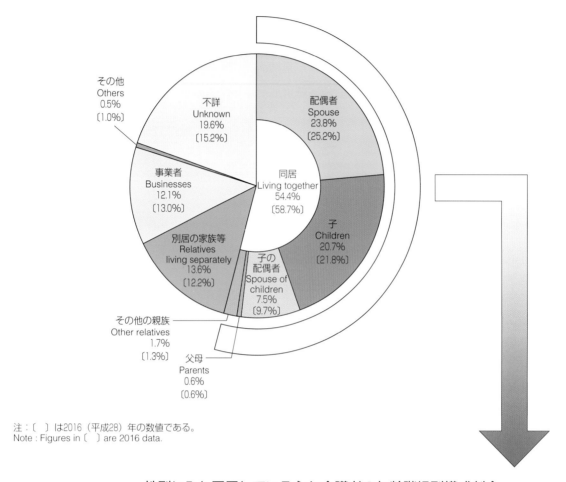

注：〔　〕は2016（平成28）年の数値である。
Note : Figures in 〔　〕 are 2016 data.

性別にみた同居している主な介護者の年齢階級別構成割合

Percent distribution of main care-takers living together with persons requiring care by sex and age group

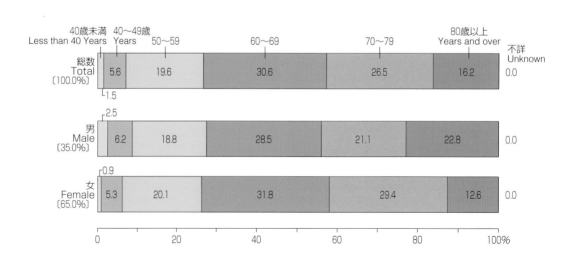

男の要介護者等の主な介護者は配偶者の割合が多い
70歳代の要介護者等は70歳代が介護、80歳代の要介護者等は50歳代が介護。

要介護者等の性・年齢階級別にみた同居している主な介護者の続柄別構成割合
Percent distribution of main care-takers living together by relationship, and by sex and age group of persons requiring care

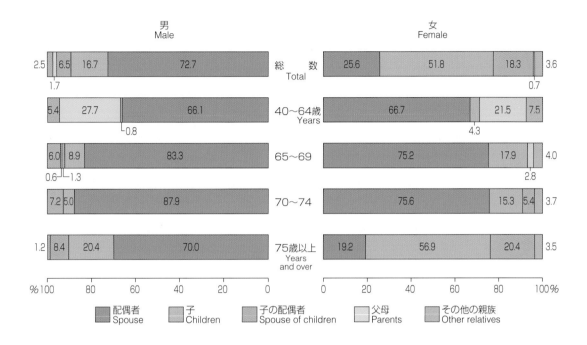

要介護者等の年齢階級別にみた同居している主な介護者の年齢階級別構成割合
Percent distribution of main care-takers living together by age group, and by age group of persons requiring care

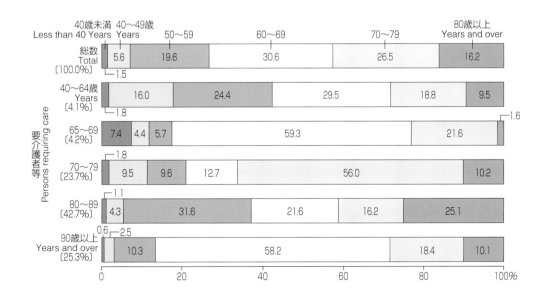

注：主な介護者の年齢不詳を含まない。
Note : Main care-takers whose age is unknown are excluded.

年齢別にみた同居の主な介護者と要介護者等の割合はいずれも上昇傾向

年齢別にみた同居の主な介護者と要介護者等の割合の年次推移

Trends in propotion of the set of person requiring care and main care-takers living together by age, 2001, 2004, 2007, 2010, 2013, 2016, 2019.

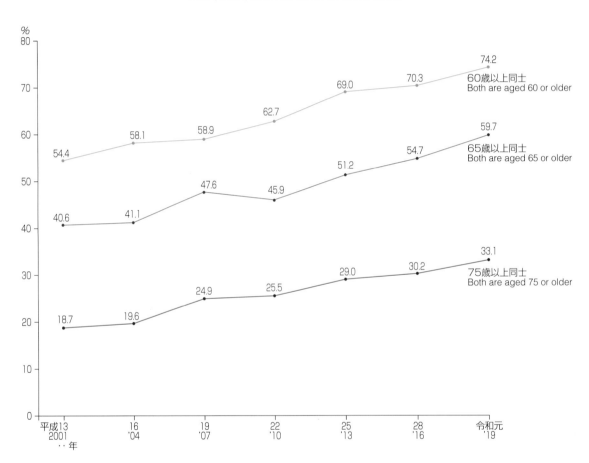

要介護の程度が高くなるに従い、「ほとんど終日」介護の割合が高くなる

要介護者等の要介護度別にみた同居している主な介護者の介護時間の構成割合

Percent distribution of caring time of main care-takers living together by care-level group of persons requiring care

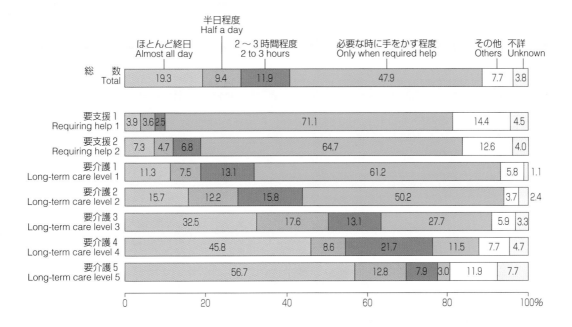

注：「総数」には、要介護度不詳を含む。
Note : "Total" includes persons whose level of long-term care is unknown.

性・要介護者等との続柄別にみた介護時間が「ほとんど終日」の同居の主な介護者の構成割合

Percent distribution of main care-takers living together whose caring time is "Almost all day"
by sex and family relationship with persons requiring care

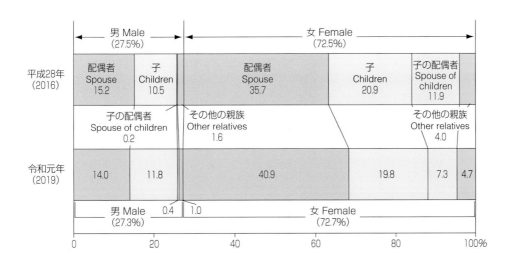

注：「その他の親族」には、「父母」を含む。
Note : "Other relatives" includes parents.

主な用語の説明

1. 「世帯」とは、住居及び生計を共にする者の集まり又は独立して住居を維持し、若しくは独立して生計を営む単身者をいう。

2. 「世帯主」とは、年齢や所得にかかわらず、世帯の中心となって物事をとりはかる者として世帯側から報告された者をいう。

3. 「世帯員」とは、世帯を構成する各人をいう。
   なお、調査日現在、一時的に不在の者はその世帯の世帯員としているが、単身赴任している者、遊学中の者、社会福祉施設に入所している者などは世帯員から除いている。

4. 「世帯構造」は、次の分類による。
   (1) 単独世帯
      世帯員が1人だけの世帯をいう。
   (2) 核家族世帯
      ① 夫婦のみの世帯
         世帯主とその配偶者のみで構成する世帯をいう。
      ② 夫婦と未婚の子のみの世帯
         夫婦と未婚の子のみで構成する世帯をいう。
      ③ ひとり親と未婚の子のみの世帯
         父親又は母親と未婚の子のみで構成する世帯をいう。
   (3) 三世代世帯
      世帯主を中心とした直系三世代以上の世帯をいう。
   (4) その他の世帯
      上記(1)～(3)以外の世帯をいう。

5. 「世帯類型」は、次の分類による。
   (1) 高齢者世帯
      65歳以上の者のみで構成するか、又はこれに18歳未満の未婚の者が加わった世帯をいう。
   (2) 母子世帯
      死別・離別・その他の理由(未婚の場合を含む。)で、現に配偶者のいない65歳未満の女(配偶者が長期間生死不明の場合を含む。)と20歳未満のその子(養子を含む。)のみで構成している世帯をいう。
   (3) 父子世帯
      死別・離別・その他の理由(未婚の場合を含む。)で、現に配偶者のいない65歳未満の男(配偶者が長期間生死不明の場合を含む。)と20歳未満のその子(養子を含む。)のみで構成している世帯をいう。
   (4) その他の世帯
      上記(1)～(3)以外の世帯をいう。

6. 「家族形態」は、次の分類による。

(1) 単独世帯
   世帯に1人だけの場合をいう。
(2) 夫婦のみの世帯
   配偶者のみと同居している場合をいう。
(3) 子と同居
   ア 子夫婦と同居
   イ 配偶者のいない子と同居
      未婚の子、配偶者と死別・離別した子及び有配偶であるが、現在配偶者が世帯にいない子と同居している場合をいう。
(4) その他の親族と同居
   子と同居せず、子以外の親族と同居している場合をいう。
(5) 非親族と同居
   上記(1)～(4)以外で、親族以外と同居している場合をいう。

7. 「児童」とは、18歳未満の未婚の者をいう。

8. 「中央値」とは、所得を低いものから高いものへと順に並べて2等分する境界値をいう。

9. 「所得五分位階級」は、全世帯を所得の低いものから高いものへと順に並べて5等分し、所得の低い世帯群から第Ⅰ・第Ⅱ・第Ⅲ・第Ⅳ及び第Ⅴ五分位階級とし、その境界値をそれぞれ第Ⅰ・第Ⅱ・第Ⅲ・第Ⅳ五分位値(五分位境界値)という。

10. 「所得の種類」は、次の分類による。
   (1) 稼働所得
      雇用者所得、事業所得、農耕・畜産所得、家内労働所得をいう。
      ア 雇用者所得
         世帯員が勤め先から支払いを受けた給料・賃金・賞与の合計金額をいい、税金や社会保険料を含む。
         なお、給料などの支払いに代えて行われた現物支給(有価証券や食事の支給など)は時価で見積もった額に換算して含めた。
      イ 事業所得
         世帯員が事業(農耕・畜産事業を除く。)によって得た収入から仕入原価や必要経費(税金、社会保険料を除く。以下同じ。)を差し引いた金額をいう。
      ウ 農耕・畜産所得
         世帯員が農耕・畜産事業によって得た収入から仕入原価や必要経費を差し引いた金額をいう。
      エ 家内労働所得
         世帯員が家庭内労働によって得た収入から必要経費を差し引いた金額をいう。
   (2) 公的年金・恩給

世帯員が公的年金・恩給の各制度から支給された年金額（２つ以上の制度から受給している場合は、その合計金額）をいう。

(3) 財産所得

世帯員の所有する土地・家屋を貸すことによって生じた収入（現物給付を含む。）から必要経費を差し引いた金額及び預貯金、公社債、株式などによって生じた利子・配当金から必要経費を差し引いた金額（源泉分離課税分を含む。）をいう。

(4) 年金以外の社会保障給付金

ア　雇用保険

世帯員が受けた雇用保険法による失業等給付をいう。

イ　児童手当等

世帯員が受けた児童手当、児童扶養手当、特別児童扶養手当等をいう。

ウ　その他の社会保障給付金

世帯員が受けた上記(2)、(4)ア、イ以外の社会保障給付金（生活保護法による扶助など）をいう。ただし、現物給付は除く。

(5) 仕送り・企業年金・個人年金・その他の所得

ア　仕送り

世帯員に定期的又は継続的に送られてくる仕送りをいう。

イ　企業年金・個人年金等

公的年金以外で世帯員等が一定期間保険料（掛金）を納付（支払い）したことにより年金として支給された金額をいう。

ウ　その他の所得

上記(1)〜(4)、(5)ア、イ以外のもの（一時的仕送り、冠婚葬祭の祝い金・香典、各種祝い金等）をいう。

11. 「生活意識」とは、調査日現在での暮らしの状況を総合的にみてどう感じているかの意識を、世帯主又は世帯を代表する者が５区分（「大変苦しい」「やや苦しい」「普通」「ややゆとりがある」「大変ゆとりがある」）から選択回答したものである。

12. 「可処分所得」とは、所得から所得税、住民税、社会保険料、固定資産税・都市計画税及び自動車税等を差し引いたものであり、「所得」はいわゆる税込みで、「可処分所得」は手取り収入に相当する。

13. 「等価可処分所得」とは、世帯の可処分所得を世帯人員の平方根で割って調整したものをいい、所得のない子ども等を含め、すべての世帯員に割り当てられる。平成27年にOECD（経済協力開発機構）が定める等価可処分所得の定義に変更があり、国民生活基礎調査では、変更前を旧基準、変更後を新基準とし、下記の計算方法により算出している。

【旧基準】等価可処分所得＝（総所得－拠出金）÷√世帯人員数

【新基準】等価可処分所得＝（総所得－拠出金－掛金－その他）÷√世帯人員数

※新旧基準に関する詳細は46ページの表を参照

14. 「貧困率」とは、ＯＥＣＤの作成基準に基づいて算出した次のものをいう。また、「大人」とは18歳以上の者、「子ども」とは17歳以下の者をいい、「現役世帯」とは世帯主が18歳以上65歳未満の世帯をいう。

なお、算出に用いている「所得」には、現金給付として受給した社会保障給付金が含まれるが、社会保障給付金の現物給付等は含んでいない。

(1) 相対的貧困率

貧困線に満たない世帯員の割合をいう。貧困線とは、等価可処分所得の中央値の半分の額をいう。

(2) 子どもの貧困率

17歳以下の子ども全体に占める、貧困線に満たない17歳以下の子どもの割合をいう。

(3) 「子どもがいる現役世帯」の貧困率

ア　「大人が一人」の貧困率

現役世帯のうち「大人が一人と17歳以下の子どものいる世帯」に属する世帯員の中で、貧困線に満たない当該世帯の世帯員の割合をいう。

イ　「大人が二人以上」の貧困率

現役世帯のうち「大人が二人以上と17歳以下の子どものいる世帯」に属する世帯員の中で、貧困線に満たない当該世帯の世帯員の割合をいう。

15. 「貯蓄」とは、①ゆうちょ銀行、銀行、信用金庫、農業協同組合などの金融機関への預貯金、②生命保険、個人年金保険、損害保険、簡易保険のこれまでに払い込んだ保険料（掛け捨て保険は除く。）、③株式、株式投資信託、債券、公社債投資信託、金銭信託・貸付信託、④その他の預貯金（財形貯蓄、社内預金等）の世帯員全員の令和元年６月末日現在の合計額をいい、貯蓄の種類ごとには金額は把握していない。なお、自営業者世帯の場合は、事業用の貯蓄を含み、株式などの有価証券は、令和元年６月末日現在の時価に換算している。

16. 「借入金」とは、土地・家屋の購入、耐久消費財の購入、教育資金などに充てるために借り入れた金額の合計をいう。自営業者世帯の場合は、事業用の借入金を含む。

17. 「入院者」とは、病院、診療所又は介護保険施設に入院又は入所している者をいう。

18. 「有訴者」とは、世帯員（入院者を除く。）のうち、病気やけが等で自覚症状のある者をいう。

19. 「有訴者率」とは、人口千人に対する有訴者数をいう。分母となる世帯人員数には入院者を含むが、分子となる有訴者数には、入院者は含まない。

20. 「通院者」とは、世帯員（入院者を除く。）のうち、

病気やけがで病院や診療所、あんま・はり・きゅう・柔道整復師に通っている者をいう。

21. 「通院者率」とは、人口千人に対する通院者数をいう。分母となる世帯人員数には入院者を含むが、分子となる通院者数には、入院者は含まない。

22. 「日常生活に影響のある者」とは、世帯員（入院者、6歳未満の者を除く。）のうち、健康上の問題で日常生活（日常生活動作・外出・仕事・家事・運動など）に影響のある者をいう。

23. 「日常生活に影響のある者率」とは、人口（6歳以上）千人に対する日常生活に影響のある者数をいう。分母となる世帯人員数には入院者を含むが、分子となる日常生活に影響のある者数には、入院者は含まない。

24. 「こころの状態」には、K6という尺度を用いている。K6は米国のKesslerらによって、うつ病・不安障害などの精神疾患をスクリーニングすることを目的として開発され、一般住民を対象とした調査で心理的ストレスを含む何らかの精神的な問題の程度を表す指標として広く利用されている。「神経過敏に感じましたか」「絶望的だと感じましたか」「そわそわ、落ち着かなく感じましたか」「気分が沈み込んで、何が起こっても気が晴れないように感じましたか」「何をするのも骨折りだと感じましたか」「自分は価値のない人間だと感じましたか」の6つの質問について5段階（「まったくない」（0点）、「少しだけ」（1点）、「ときどき」（2点）、「たいてい」（3点）、「いつも」（4点））で点数化する。合計点数が高いほど、精神的な問題がより重い可能性があるとされている。

25. 「仕事あり」とは、2019（令和元）年5月中に所得を伴う仕事をしていたことをいう。ただし、同月中に全く仕事をしなかった場合であっても、次のような場合は「仕事あり」とする。
   ⑴ 雇用者であって、2019（令和元）年5月中に給料・賃金の支払いを受けたか、又は受けることになっていた場合（例えば、病気で休んでいる場合）
   ⑵ 自営業者であって、自ら仕事をしなかったが、2019（令和元）年5月中に事業は経営されていた場合
   ⑶ 自営業主の家族であって、その経営する事業を手伝っていた場合
   ⑷ 職場の就業規則などで定められている育児（介護）休業期間中である場合

26. 「勤めか自営かの別」は、次の分類による。
   ⑴ 一般常雇者（契約期間の定めのない雇用者）
      雇用期間について別段の定めなく個人業主、会社、団体、官公庁に雇われている者をいう。
   ⑵ 一般常雇者（契約期間が1年以上の雇用者）
      雇用期間について1年以上契約して個人業主、

会社、団体、官公庁に雇われている者をいう。
   ⑶ 1月以上1年未満の契約の雇用者
   ⑷ 日々又は1月未満の契約の雇用者
   ⑸ 会社・団体等の役員
      会社・団体・公社などの役員（重役・理事など）をいう。例えば、株式会社の取締役・監査役、合名会社や合資会社の代表社員、組合や協会の理事・監査、公社や公団の総裁・理事・監事などである。
   ⑹ 自営業主
      商店主、工場主、農業主、開業医、弁護士、著述家など一定の店舗、工場、事務所などにおいて事業を行っている者をいう。
   ⑺ 家族従業者
      自営業主の家族であって、その経営する事業を手伝っている者をいう。
   ⑻ 内職
      家庭において、収入を得るため仕事をしている者をいう。
   ⑼ その他
      上記⑴〜⑻以外の者をいう。
   ⑽ 勤めか自営か不詳
      仕事はあるが、勤めか自営かの別が不詳である者をいう。

27. 「勤め先での呼称」は、次の分類による。
   ⑴ 正規の職員・従業員
      一般職員又は正社員などと呼ばれている者をいう。
   ⑵ パート、アルバイト
      就業の時間や日数に関係なく、勤め先で「パートタイマー」「アルバイト」又はそれに近い名称で呼ばれている者をいう。
      「パート」か「アルバイト」かはっきりしない場合は、募集広告や募集要領又は雇用契約の際に言われたり、示された呼称による。
   ⑶ 労働者派遣事業所の派遣社員
      労働者派遣法に基づく労働者派遣事業所に雇用され、そこから派遣されて働いている者をいう。
      この法令に該当しないものは、形態が似たものであっても「労働者派遣事業所の派遣社員」とはしない。
   ⑷ 契約社員
      専門的職種に従事させることを目的に契約に基づき雇用されている者又は雇用期間の定めのある者をいう。
   ⑸ 嘱託
      労働条件や契約期間に関係なく、勤め先で「嘱託職員」又はそれに近い名称で呼ばれている者をいう。
   ⑹ その他
      上記⑴〜⑸以外の者をいう。

なお、上記(2)～(6)の者をまとめて「非正規の職員・従業員」として表章している。

28. **「要介護者」**とは、介護保険法の要介護と認定された者のうち在宅の者をいう。（①要介護状態にある65歳以上の者、②要介護状態にある40歳以上65歳未満の者であって、その要介護状態の原因となった心身の障害が特定疾病によるもの）

29. **「要支援者」**とは、介護保険法の要支援と認定された者のうち在宅の者をいう。（①要介護状態となるおそれがある状態にある65歳以上の者、②要介護状態となるおそれがある状態にある40歳以上65歳未満の者であって、その要介護状態となるおそれのある状態の原因となった心身の障害が特定疾病によるもの）

30. **「要介護者等」**とは、介護保険法の要支援又は要介護と認定された者のうち在宅の者をいう。

31. **「要介護度」**とは、「要介護認定等にかかる介護認定審査会による審査及び判定の基準等に関する省令（平成18年3月14日厚生労働省令第32号）に定められている「要介護認定基準時間」により分類されたものをいう。
要介護認定等基準時間の分類
・直接生活介助－入浴、排せつ、食事等の介護
・間接生活介助－洗濯、掃除等の家事援助等
・ＢＰＳＤ関連行為－徘徊に対する探索、不潔な行為に対する後始末等
・機能訓練関連行為－歩行訓練、日常生活訓練等の機能訓練
・医療関連行為－輸液の管理、じょく瘡の処置等の診療の補助等
　(1) 要支援1
　　　上記5分野の要介護認定等基準時間が25分以上32分未満である状態又はこれに相当する状態
　(2) 要支援2
　　　要支援状態の継続見込期間にわたり継続して常時介護を要する状態の軽減又は悪化の防止に特に資する支援を要すると見込まれ、上記5分野の要介護認定等基準時間が32分以上50分未満である状態又はこれに相当する状態
　(3) 要介護1
　　　上記5分野の要介護認定等基準時間が32分以上50分未満である状態又はこれに相当する状態
　(4) 要介護2
　　　上記5分野の要介護認定等基準時間が50分以上70分未満である状態又はこれに相当する状態
　(5) 要介護3
　　　上記5分野の要介護認定等基準時間が70分以上90分未満である状態又はこれに相当する状態
　(6) 要介護4
　　　上記5分野の要介護認定等基準時間が90分以上110分未満である状態又はこれに相当する状態
　(7) 要介護5
　　　上記5分野の要介護認定等基準時間が110分以上である状態又はこれに相当する状態

等価可処分所得の定義（旧基準・新基準）

			旧　基　準	新　基　準
【所得】				
総所得	当初所得		雇用者所得 事業所得 農耕・畜産所得 家内労働所得 財産所得 仕送り 企業年金・個人年金等 その他の所得	雇用者所得 事業所得 農耕・畜産所得 家内労働所得 財産所得 仕送り 企業年金・個人年金等 その他の所得
	社会保障給付		公的年金・恩給 雇用保険 児童手当等 その他の社会保障給付金	公的年金・恩給 雇用保険 児童手当等 その他の社会保障給付金
【支出】				
拠出金等	拠出金	税金	所得税 住民税 固定資産税	所得税 住民税 固定資産税・都市計画税 自動車税・軽自動車税・自動車重量税
		社会保険料	医療保険料 年金保険料 介護保険料 雇用保険料	医療保険料 年金保険料 介護保険料 雇用保険料
	掛金			企業年金掛金
	その他			仕送り